Repetitorium

Nutzen Sie unser vielfältiges

Seminarangebot

zur effektiven und gezielten

Klausurvorbereitung

u.a. in den Fächern

Zivilrecht
Allgemeines Verwaltungsrecht
Kommunales Finanzmanagement
Staats- und Europarecht

Alle Informationen zu unseren Seminaren finden Sie auf

www.exvo.net

Das Vervielfältigen (kopieren) sowie die Weitergabe des Skripts auf elektronischem Wege ist verboten und wird im Falle der Zuwiderhandlung straf- und zivilrechtlich verfolgt.

KOMMUNALES FINANZMANAGEMENT NRW

Basiswissen & Prüfungsschemata

Bibliografische Information der Deutschen Nationalbibliothek:
Die Deutsche Nationalbibliothek verzeichnet diese Publikation in der Deutschen Nationalbibliografie; detaillierte bibliografische Daten sind im Internet über http://dnb.de abrufbar.

Joachim Krampetzki
Kommunales Finanzmanagement NRW
- Basiswissen & Prüfungsschemata -
3. Auflage September 2019

Herstellung und Verlag: BoD - Books on Demand, Norderstedt

ISBN: 9783734781674

KFM NRW   Inhaltsverzeichnis

	Einleitung	1
1.	Planungsphase	2
1.1	Haushaltsplan	
	Funktion des Haushaltsplans	3
	Bestandteile des Haushaltsplans	4
	Anlagen zum Haushaltsplan	5
1.1.1	Ergebnisplan	6
1.1.2	Finanzplan	17
1.1.3	Teilpläne	25
1.3.1.1	Teilergebnisplan	29
1.3.1.2	Teilfinanzplan	30
	Verpflichtungsermächtigungen	31
1.2	Haushaltsgrundsätze	32
1.2.1	allgemeine Haushaltsgrundsätze	33
	Sicherung der stetigen Aufgabenerfüllung und Liquiditätssicherung	34
	Wirtschaftlichkeit, Effizienz und Sparsamkeit	35
	gesamtwirtschaftliches Gleichgewicht	36
	Haushaltsausgleich	37
	Grundsätze der Finanzmittelbeschaffung	38
	Zuweisungen des Landes	39
	Schlüsselzuweisungen	40
	Kommunalabgaben	43
	Steuern	44
	Grundsteuer	45
	Gewerbesteuer	46

	Gebühren	48
	Verwaltungsgebühren	49
	Benutzungsgebühren	50
	Beiträge	52
	Jährlichkeit, Vorherigkeit und zeitliche Bindung	55
	vorläufige Haushaltsführung	56
	Öffentlichkeit	58
1.2.2	Veranschlagungsgrundsätze	59
	Vollständigkeit	60
	Herstellungskosten	61
	interne Leistungsbeziehungen	62
	Einheit	63
	Periodenabgrenzung	64
	Haushaltswahrheit und Haushaltsklarheit	66
	Bruttoprinzip	67
	Einzelveranschlagung	68
	sachliche Bindung	69
1.2.3	Deckungsgrundsätze / Grundsatz der Gesamtdeckung	70
	Budgetierung	71
	Zweckbindung	72
1.3	Haushaltssatzung	73
1.4	Haushaltsausgleich	78
	Ausgleichsrücklage	79
	allgemeine Rücklage	80
	Haushaltssicherungskonzept	81

KFM NRW — Inhaltsverzeichnis

2.	Ausführungsphase	82
2.1	Stundung, Niederschlagung, Erlass	83
	Kleinbeträge	84
2.2	flexible Haushaltsführung	85
	Prüfungsreihenfolge	86
	Prüfungsschema	87
	unechte Deckungsfähigkeit	88
	echte Deckungsfähigkeit im Budget	89
	echte Deckungsfähigkeit in der Gesamtdeckung	91
	Pflichtnachtragssatzung	92
	§ 81 II Nr. 1 - 3 GO	93
	überplanmäßige Aufwendungen und Auszahlungen	95
	Haushaltsvorgriff	97
	außerplanmäßige Aufwendungen und Auszahlungen	98
	über- und außerplanmäßige Verpflichtungsermächtigungen	100
	Entscheidungsbefugnis	101
2.3	Haushaltssperre	103
2.4	Buchführung	104
	Grundsätze ordnungsgemäßer Buchführung	105
3.	Jahresabschluss	107
3.1	Bestandteile	108
3.1.1	Ergebnisrechnung	109
3.1.2	Finanzrechnung	110
	Ermittlung der Zahlungen	111

3.1.3	Teilrechnungen	113
3.1.4	Bilanz	114
3.1.4.1	Aktivposten der Bilanz	115
	Anlagevermögen	116
	Abschreibungen	118
	Gliederung des Anlagevermögens	120
	immaterielle Vermögensgegenstände	121
	Sachanlagen	122
	Finanzanlagen	125
	Umlaufvermögen	129
	Vorräte	130
	Forderungen und sonstige Vermögensgegenstände	131
	Wertpapiere des Umlaufvermögens und Liquide Mittel	132
	Aktive Rechnungsabgrenzung	133
3.1.4.2	Passivposten der Bilanz	134
	Eigenkapital	135
	Sonderposten	137
	Sachspenden	140
	Rückstellungen	141
	Bildung und Auflösung/Herabsetzung von Rückstellungen	144
	Verbindlichkeiten	145
	Passive Rechnungsabgrenzung	148
3.1.4.3	Inventur und Inventar	149

	Zeitpunkt	150
	Arten der Inventur	151
	Grundsätze ordnungsgemäßer Inventur	152
	Inventurvereinfachungsverfahren	153
	Allgemeine Bewertungsanforderungen	154
	Bewertungsvereinfachungsverfahren	156
3.2	Jahresabschluss - Verfahren und Fristen	158
4.	Kontrolle	159

kommunales Finanzmanagement

Das kommunale Finanzmanagement umfasst

- alle Entscheidungen und Maßnahmen
- kommunaler Körperschaften
  (Gemeinden, Kreise und sonstige Gemeindeverbände)
- im Zusammenhang mit der Beschaffung und Verwendung von Finanzmitteln.

Das zentrale Managementinstrument ist der **Haushalt**.

Der Haushalt einer Gemeinde besteht aus

- der Haushaltssatzung (§ 78 II GO)
- dem Jahresabschluss (§ 95 I GO, § 38 KomHVO)
- dem Gesamtabschluss (§ 116 GO, § 50 KomHVO)

Die **Haushaltswirtschaft** umfasst die Bereiche der

- Haushaltsplanung
- Haushaltsausführung
- Haushaltsrechnung (Abschluss)
- Kontrolle

Daraus ergeben sich folgende **Phasen der Haushaltswirtschaft** (Haushaltskreislauf):

Planung ⟶ Ausführung ⟶ Rechnung (Jahresabschluss) ⟶ Kontrolle

Planungsphase

Grundlage für die Haushaltswirtschaft der Gemeinde ist der **Haushaltsplan** (§ 79 III 1 GO).

Rechtlich verbindlich wird der Haushaltsplan durch die **Haushaltssatzung** (§ 78 II GO).

Die Haushaltssatzung tritt mit Beginn des Haushaltsjahres in Kraft und gilt für das **Haushaltsjahr** (§ 78 III 1 GO). Haushaltsjahr ist grds. das **Kalenderjahr** (§ 78 IV GO).
Da die Haushaltssatzung die Festsetzung des Haushaltsplans enthält (§ 78 II Nr. 1 GO), muss der Haushaltsplan im Jahr vor dem Inkrafttreten der Haushaltssatzung, d.h. im sog. Haushaltsplanjahr, aufgestellt sein.

Haushaltsplanjahr ⟶ **Haushaltsjahr**
Aufstellung des Haushaltsplans   Ausführung der Planung

Über das Haushaltsjahr als erstes Planungsjahr hinaus hat die Gemeinde ihrer Haushaltswirtschaft nach § 84 GO, § 1 III KomHVO eine mittelfristige Ergebnis- und Finanzplanung zu Grunde zu legen und in den Haushaltsplan einzubeziehen.

Funktion des Haushaltsplans

§ 79 III 1 GO:
Der Haushaltsplan ist Grundlage für die Haushaltswirtschaft der Gemeinde.

im Innenverhältnis (Rat/Verwaltung)	im Außenverhältnis
Im Innenverhältnis enthält der Haushaltsplan **verbindliche Vorgaben**, wie der Haushalt einer Gemeinde zu führen ist. Die Ansätze im Haushaltsplan **ermächtigen** die Gemeinde, die veranschlagten Mittel in Anspruch zu nehmen. **Aufwendungen, Auszahlungen und Verpflichtungsermächtigungen** (VE) dürfen daher grds. nur in Anspruch genommen werden, wenn a) überhaupt ein Ansatz vorhanden ist, der b) noch nicht überschritten ist. **Ausnahme** zu a) **außerplan**mäßige Aufwendung / Auszahlung (§ 83 GO) bzw. VE (§ 85 I 2 GO) zu b) • **überplan**mäßige Aufwendung / Auszahlung (§ 83 GO) bzw. VE (§ 85 I 2 GO) • echte / unechte Deckungsfähigkeit BEACHTE: Die Gemeinde kann eine Aufwendung / Auszahlung, zu der sie verpflichtet ist, nicht mit dem Hinweis auf eine fehlende Veranschlagung im Haushaltsplan verweigern. Sie ist gehalten, die entsprechenden Ansätze zu bilden. Die im Haushaltsplan veranschlagten **Erträge und Einzahlungen** sind dagegen nur Zielvorgaben, von denen grds. abgewichen werden kann. Die entsprechende Ermächtigung ergibt sich nicht aus dem Haushaltsplan, sondern aus dem Gesetz (z.B. den Steuergesetzen, Gebührensatzungen).	Ansprüche und Verbindlichkeiten Dritter werden durch den Haushaltsplan weder begründet noch aufgehoben (vgl. § 79 III 3 GO). BEACHTE: Dies gilt auch umgekehrt für Ansprüche der Gemeinde gegen Dritte; auch sie können durch eine Veranschlagung im Haushaltsplan nicht begründet werden. Der Haushaltsplan hat **keine Außenwirkung**.

Bestandteile des Haushaltsplans

§ 79 I GO:
Der Haushaltsplan enthält alle im Haushaltsjahr für die Erfüllung der Aufgaben der Gemeinde voraussichtlich...

1. anfallenden **Erträge** 2. entstehenden **Aufwendungen**	1. eingehende **Einzahlungen** 2. zu leistende **Auszahlungen**
⇩	⇩
im (Gesamt-) **Ergebnisplan** (§§ 1 I Nr. 1, 2 KomHVO) Anlage 4 VV Muster zur GO und GemHVO/KomHVO[1]	im (Gesamt-) **Finanzplan** (§§ 1 I Nr. 2, 3 KomHVO) Anlage 5 VV Muster zur GO und GemHVO/KomHVO[1]

untergliedert in **Teilpläne**
(§§ 1 I Nr. 3 KomHVO)

⇩   ⇩

Teilergebnisplan Anlage 9	**Teilfinanzplan** Anlage 10 A und B

3. notwendigen **Verpflichtungsermächtigungen**

Anlage 15

Bei Bestehen eines **Haushaltssicherungskonzeptes** (§ 76 GO) ist dieses ebenfalls Teil des Haushaltsplanes (vgl. § 79 II 2 GO).

---

[1] im Folgenden nur noch "Anlage" genannt
BEACHTE: Die Gemeindehaushaltsverordnung (GemHVO) ist zum 01.01.2019 außer Kraft getreten.

Anlagen zum Haushaltsplan

Dem Haushaltsplan sind gemäß § 1 II KomHVO als Anlagen beizufügen

der **Vorbericht** (§§ 1 II **Nr. 1**, 7 KomHVO)

der **Stellenplan** (§ 79 II 2 GO, §§ 1 II **Nr. 2**, 8 KomHVO, **Anlage 11 A, B**)

der **Haushaltsquerschnitt** (§ 1 II **Nr. 3** KomHVO, **Anlage 3**)

Übersicht über den voraussichtlichen Stand Kreditverbindlichkeiten sowie der Verpflichtungen aus Bürgschaften und Gewährverträgen (§ 1 II **Nr. 4** KomHVO, **Anlagen 14 und 25**)

Übersicht über die Entwicklung des Eigenkapitals (§ 1 II **Nr. 5** KomHVO)

Übersicht über die aus Verpflichtungsermächtigungen in den einzelnen Jahren voraussichtlich fällig werdenden Auszahlungen (§ 1 II **Nr. 6** KomHVO, **Anlage 15**)

die **Ergebnisrechnung, Finanzrechnung und Bilanz des Vorvorjahres** (§ 1 II **Nr. 7** KomHVO)

die **Wirtschaftspläne und neuesten Jahresabschlüsse der Sondervermögen**, für die Sonderrechnungen geführt werden (§ 1 II **Nr. 8** KomHVO)
sowie der **Unternehmen und Einrichtungen mit eigener Rechtspersönlichkeit**, an denen die Kommune mit mehr als 20% unmittelbar oder mittelbar beteiligt ist (§ 1 II **Nr. 9** KomHVO)

bezirksbezogene Haushaltsangaben in kreisfreien Städten (§ 1 II **Nr. 10** KomHVO)

freiwillige Anlagen

Die Beifügung weiterer Anlagen (z.B. weiterer statistischer Auswertungen) zum besseren Verständnis des geplanten Haushalts sowie der wirtschaftlichen Entwicklung steht im Ermessen der Gemeinde.

Ergebnisplan

= Planung der im Haushaltsjahr voraussichtlich anfallenden Erträge und entstehenden Aufwendungen (§ 79 I GO, § 11 I KomHVO)
- unabhängig vom Zeitpunkt des tatsächlichen Zahlungsmittelzuflusses oder –abflusses -

> Die Gliederung des (Gesamt-) Ergebnisplans ergibt sich aus
> § 2 KomHVO / Anlage 4

Ertrag	Aufwand
= die von der Gemeinde innerhalb einer Abrechnungsperiode (= Haushaltsjahr) erbrachten und in Geld bewerteten Leistungen sowie die ihr zustehenden Steuern und gewährten Zuwendungen.	= die von der Gemeinde innerhalb einer Abrechnungsperiode (= Haushaltsjahr) verbrauchten Güter und Dienstleistungen.
= **Ressourcenaufkommen**	= **Ressourcenverbrauch**
Erträge **erhöhen** das Reinvermögen (Nettovermögen / **Eigenkapital**[1]); die Gemeinde baut Substanz auf.	Aufwendungen **vermindern** das Reinvermögen (Nettovermögen / **Eigenkapital**[1]); die Gemeinde lebt von ihrer Substanz.
Exkurs: Leistungen der Gemeinden Die Gemeinden erbringen ihre Leistungen insbesondere als Dienstleistungen am Bürger (Produkt) – vgl. Ziffer 1.2.4 Satz 4 VV Muster zur GO und KomHVO. Dafür erheben sie Abgaben und Leistungsentgelte (vgl. die einzelnen Positionen des Ergebnisplans).	

Ziele des Ergebnisplans

1. **Balance** zwischen Aufwand und Ertrag mit dem Ziel eines ausgeglichenen Haushalts. Der Haushalt ist ausgeglichen, wenn **Ertrag ≥ Aufwand** (§ 75 II GO). Langfristig wird so gesichert, dass nicht eine Generation auf Kosten der nachfolgenden Generationen von der Substanz lebt (generationenübergreifende Gerechtigkeit, vgl. § 1 I 3 GO).
2. Gesamtüberblick über die Entwicklung des Gemeindevermögens.

---

[1] Die Ertrags- und Aufwandskonten (Ergebniskonten) sind Unterkonten des Eigenkapitalkontos; sie werden beim Jahresabschluss über das Bilanzkonto Eigenkapital abgeschlossen.

1.1.1 Ergebnisplan

Erläuterungen zum Ergebnisplan

Der Ergebnisplan wird entsprechend der in **§ 2 KomHVO** vorgegebenen **Gliederung** aufgestellt. Dieser Gliederung entspricht das Muster in **Anlage 4**.

Die **Zuordnung** von Erträgen und Aufwendungen zu den einzelnen Positionen ergibt sich gemäß **§ 2 III KomHVO** aus den in **Anlage 18** geregelten verbindlichen Zuordnungsvorschriften zum kommunalen haushaltsrechtlichen Kontenrahmen (Kommunaler Kontierungsplan).

Der verbindliche kommunale Kontierungsplan gibt die **Kontenklasse** (einstellig) und **Kontengruppe** (zweistellig) vor.

Das konkrete **Konto** für die im Rahmen der Ausführung der Planung vorzunehmenden Buchung ergibt sich aus dem Kontenplan der Gemeinde (bzw. dem Kontenplan für die Ausbildung an der Fachhochschule für öffentliche Verwaltung NRW – Kontenplan FHöV – Dresbach Anhang 43)

Die nachfolgende Tabelle erläutert die einzelnen Positionen des Ergebnisplans:

Zeile	
1 - 9	**Ordentliche Erträge** (§ 2 I Nr. 1 - 9 KomHVO) **Kontenklasse 4 „Erträge", Kontengruppen 40 - 45 und 47** „**Ordentlich**" sind alle Erträge, die nicht zu den Finanzerträgen (§ 2 I Nr. 16 KomHVO, Kontengruppe 46) oder den außerordentlichen Erträgen (§ 2 I Nr. 18 KomHVO, Kontengruppe 49) gehören (Ausschlussprinzip). Zu den „ordentlichen" Erträgen zählen alle regelmäßig wiederkehrenden und planbaren Erträge im Rahmen der gewöhnlichen Verwaltungs- bzw. Geschäftstätigkeit der Kommune.

Erläuterungen zum Ergebnisplan
- Fortsetzung -

Zeile	
1	**Steuern und ähnliche Abgaben** (§ 2 I Nr. 1 KomHVO, **Kontengruppe 40**) a) **Steuern**: Zur Definition siehe § 3 I 1 AO. Den Gemeinden stehen folgende Steuerarten zu: aa) **Realsteuern**, d.h. Grund- und Gewerbesteuer (Art. 106 VI GG, § 3 II AO) bb) **Anteile der Einkommens- und Umsatzsteuer** (Art. 106 V, Va GG) cc) örtliche Verbrauchs- und Aufwandssteuern (Art. 106 VI GG), z.B. Hunde-, Vergnügungs- oder Zweitwohnungssteuer Ist die Kommune steuerberechtigt und zugleich steuerpflichtig (sog. **interne Steuerpflicht**, d.h. sie muss den Steuerbescheid an sich selbst richten), ist die Erfüllung der Steuerpflicht nicht als Steuerertrag zu veranschlagen. Die Erfüllung einer eigenen Steuerpflicht ist lediglich eine interne Leistungsbeziehung (vgl. § 17 KomHVO). b) **ähnliche Abgaben**: Steuerähnlich ist eine Abgabe, wenn die wesentlichen Merkmale einer Steuer erfüllt sind (Bsp.: Spielbank- oder Fremdenverkehrsabgabe). Unter die Position „Steuern und ähnliche Abgaben" fallen ferner Ausgleichsleistungen (Leistungen aus der Umsetzung der Grundsicherung für Arbeitssuchende sowie des Familienlastenausgleichs).
2	**Zuwendungen und allgemeine Umlagen** (§ 2 I Nr. 2 KomHVO, **Kontengruppe 41**) = Finanzleistungen von Dritten, die der Kommune für laufende Zwecke <u>gewährt</u> werden (entscheidend für die Veranschlagung ist die Bestandskraft des Bescheides, nicht der Zeitpunkt der Zahlung). a) **Zuwendungen**: aa) von öffentlichen Trägern = **Zuweisungen** (z.B. Schlüsselzuweisungen im Rahmen des Finanzausgleichs, Landeszuweisungen für Projekte) bb) von Privaten = **Zuschüsse** (z.B. private Spenden)

Erläuterungen zum Ergebnisplan
- Fortsetzung -

Zeile	
	BEACHTE: Erfasst werden nur Zuwendungen für laufende Zwecke. Zuwendungen für Investitionen werden grds. zunächst als Sonderposten erfasst (§ 44 V KomHVO). Erst die ertragswirksame Auflösung des Sonderpostens (§ 44 V 2 KomHVO) fällt als Ertrag aus der Auflösung von Sonderposten aus Zuwendungen unter § 2 I Nr. 2 KomHVO (vgl. Konto 415). **b) allgemeine Umlagen** (z.B. Kreis-, Zweck- oder Landschaftsverbandsumlage)
3	**Sonstige Transfererträge** (§ 2 I Nr. 3 KomHVO, **Kontengruppe 42**) = Geldleistungen ohne konkrete Gegenleistung, die nicht unter Zeilen 1 oder 2 fallen („sonstige" = Auffangtatbestand). Hierunter fallen insbesondere die Erstattung von Sozialhilfeleistungen (zu Unrecht gezahlter Leistungen, Realisierung des Nachranggrundsatzes, Kostenersatz) sowie die Schuldendiensthilfen (insbesondere zur Reduzierung der Zinslast) sowie Geld- oder Sachschenkungen von Dritten für laufende Zwecke (nicht für Investitionen – dann Sonderposten, s.o.).
4	**Öffentlich-rechtliche Leistungsentgelte** (§ 2 I Nr. 4 KomHVO, **Kontengruppe 43**) = Entgelte für eine konkrete Gegenleistung, deren Rechtsgrundlage öffentlich-rechtlicher Natur (z.B. eine Gebührensatzung) ist: **a)** Gebühren (§§ 4ff KAG) und Beiträge (§§ 8ff KAG) BEACHTE: Für Beiträge aus Investitionen sind gemäß § 44 V 1 KomHVO zunächst Sonderposten zu bilden. Erst die Auflösung der Sonderposten fällt als Ertrag aus der Auflösung von Sonderposten für Beiträge unter § 2 I Nr. 4 KomHVO (vgl. Konto 433). Beiträge, die direkt zu Erträgen im Ergebnisplan führen, sind insbesondere die Kur- und Fremdenverkehrsbeiträge (§ 11 KAG). **b)** kalkulatorische Erträge aus der Auflösung von Sonderposten für den Gebührenausgleich (§ 44 VI KomHVO – vgl. Konto 434)

Erläuterungen zum Ergebnisplan
- Fortsetzung -

Zeile	
5	**Privatrechtliche Leistungsentgelte** (§ 2 I Nr. 5 KomHVO, **Kontengruppe 44**) = Entgelte für eine konkrete Gegenleistung, deren Rechtsgrundlage nicht öffentlich-rechtlicher Natur ist (z.B. vertraglich geschuldete Mieten).
6	**Kostenerstattungen und Kostenumlagen** (§ 2 I Nr. 6 KomHVO **Kontengruppe 44**) a) **Kostenerstattungen** = Erstattung von Leistungen, die die Kommune für einen Dritten erbracht hat. BEACHTE: Im Gegensatz zu den sonstigen Transfererträgen (Zeile 3) steht bei den Kostenerstattungen von Anfang an fest, dass die Kommune die Leistung für einen Dritten erbringt. b) **Kostenumlagen**: Im Gegensatz zu den Kostenerstattungen werden die für den Dritten erbrachten Leistungen im Falle der Kostenumlage nicht exakt, sondern nur pauschal ermittelt.
7	**Sonstige ordentliche Erträge** (§ 2 I Nr. 7 KomHVO, **Kontengruppe 45**) = Auffangposition für Erträge, die nicht unter Zeilen 1 - 6 fallen. Beispiele siehe Konten 451 - 458 BEACHTE: • Erträge aus der Veräußerung von Vermögensgegenständen nach § 90 III 1 GO sowie aus Wertveränderungen von Finanzanlagen sind gemäß § 44 III KomHVO unmittelbar mit der allgemeinen Rücklage zu verrechnen und fallen daher nicht unter die sonstigen ordentlichen Erträge. • Einzahlungen, deren Zuordnung zu einer Haushaltsposition oder einer Haushaltsperiode (einem Haushaltsjahr) unklar ist, führen nicht zu sonstigen ordentlichen Erträgen. Unklare Einzahlungen dürfen erst dann als Ertrag erfasst werden, wenn ihre Zuordnung geklärt ist.

Erläuterungen zum Ergebnisplan
- Fortsetzung -

Zeile	
8	**Aktivierte Eigenleistungen** (§ 2 I Nr. 8 KomHVO, **Konto 471**) • **Eigenleistung** = Einsatz gemeindeeigenen Personals oder Materials bei der Herstellung von Anlagevermögen • **Aktivierung** = Aufnahme in die Bilanz (Zuordnung zu einem Aktiv-Konto) • Ermittlung der **Herstellungskosten** vgl. § 34 III KomHVO BEACHTE: Gemäß § 44 I KomHVO dürfen immaterielle Vermögensgegenstände des Anlagevermögens (z.B. Software), die (...) selbst hergestellt wurden, nicht aktiviert werden (sog. Aktivierungsverbot).
9	**Bestandsveränderungen** (§ 2 I Nr. 9 KomHVO, **Konto 472**) = das Ergebnis von Inventurdifferenzen bei fertigen und unfertigen Erzeugnissen sowie unfertigen Leistungen gegenüber dem Vorjahr. Ergibt die Inventur, dass sich der Bestand im Vergleich zum Vorjahr erhöht hat, ist ein entsprechender Ertrag zu veranschlagen. Hat sich der Bestand vermindert, ist ein negativer Ertrag zu veranschlagen (vgl. die Vorzeichen +/- in Zeile 9 der Anlage 4).
10	**Summe der ordentlichen Erträge**
11 - 16	**Ordentliche Aufwendungen** (§ 2 I Nr. 10 - 15 KomHVO) Kontenklasse „Aufwendungen", Kontengruppen 50 – 54 "Ordentlich" sind alle Aufwendungen, die nicht außerordentlich sind (Negativabgrenzung zu § 2 I Nr. 19 KomHVO, Zeile 24 Anlage 4).

Erläuterungen zum Ergebnisplan
- Fortsetzung -

Zeile	
11	**Personalaufwendungen** für aktiv Beschäftigte (§ 2 I Nr. 10 KomHVO, **Kontengruppe 50**) Die Personalaufwendungen umfassen neben den Bruttogehältern sämtliche Nebenbezüge (z.B. Weihnachts- und Urlaubsgeld) sowie die Lohnnebenkosten (z.B. Sozialversicherungsbeiträge). Abgrenzung: - Nicht in die Kontengruppe 50 fallen die im verbindlichen Kontierungsplan unter Kontengruppe 54 genannten sonstigen Personalaufwendungen (z.B. Aufwendungen für Aus- und Fortbildung). - Aufwandsentschädigungen für Rats- und Ausschussmitglieder sind ebenfalls in der Kontengruppe 54 unter den Aufwendungen für die Inanspruchnahme von Diensten zu erfassen, da sie keine Beschäftigten der Gemeinde sind. - Zahlungen an Honorarkräfte (z.B. VHS, Theater) gehören in die Kontengruppe 52, da kein Beschäftigungsverhältnis zur Gemeinde besteht. BEACHTE: Gem. § 18 I 2 KomHVO können die Personalaufwendungen für Personen, die nicht im Stellenplan geführt werden (z.B. Auszubildende, Aushilfen), zentral veranschlagt werden.
12	**Versorgungsaufwendungen** für aus dem Dienst ausgeschiedene ehemalige Beschäftigte sowie deren Angehörige (§ 2 I Nr. 11 KomHVO, **Kontengruppe 51**) hierzu zählen: - Leistungen an Versorgungsempfänger, für die keine Rückstellungen während der aktiven Beschäftigungszeit gebildet worden sind (vgl. Konto 507). Denn soweit für die Pensionszahlungen auf bereits gebildete Rückstellungen zurückgegriffen werden kann, ist dieser Rückgriff nicht <u>ergebniswirksam</u>. Ergebniswirksam ist allein die Zuführung zur Rückstellung während der aktiven Dienstzeit oder die Aufstockung im Rentenalter (Bsp.: Die Rückstellung wurde nicht oder in nicht ausreichender Höhe gebildet, Anpassung der Sterbetafel).

Erläuterungen zum Ergebnisplan
- Fortsetzung -

Zeile	
	• Sachaufwendungen für Pensionäre (z.B. Weiterbenutzte Dienstwohnungen, Dienstwagen) BEACHTE: Gemäß § 18 II KomHVO können Versorgungs- und Beihilfeaufwendungen auf die Teilpläne nach der Höhe der dort ausgewiesenen Personalaufwendungen aufgeteilt oder zentral veranschlagt werden.
13	**Aufwendungen für Sach- und Dienstleistungen** (§ 2 I Nr. 12 KomHVO, **Kontengruppe 52**) Hierzu zählen insbesondere Aufwendungen für • Roh-, Hilfs- und Betriebsstoffe • Betriebskosten (Strom, Gas, Wasser, Abwasser) • die Unterhaltung und Bewirtschaftung der Sachanlagen • § 36 III KomHVO (Sofortaufwand für geringwertige Wirtschaftsgüter) Die Kontengruppe 52 ist ein Sammelkonto für <u>nicht zu aktivierende</u> Aufwendungen. Alternativ kann der für die Aufwendungen erforderliche Zukauf an z.B. Roh-, Hilfs- und Betriebsstoffen auf Bestandskonten (Aktivkonten) erfasst (aktiviert) und erst bei der Entnahme als Aufwand gebucht werden.
14	**Bilanzielle Abschreibungen** (§ 2 I Nr. 13 KomHVO, **Kontengruppe 57**) = sämtliche Abschreibungen, insbes. auf das Anlagevermögen (s. § 36 KomHVO – BEACHTE: Der Sofortaufwand nach § 36 III KomHVO fällt unter die Aufwendungen für Sach- und Dienstleistungen, Konto 529). Aufwendungen aus dem Abgang und der Veräußerung von Vermögensgegenständen nach § 90 III 1 GO sowie aus Wertminderungen von Finanzanlagen sind gemäß § 44 III KomHVO grds. unmittelbar mit der allgemeinen Rücklage zu verrechnen und fallen daher nicht unter die bilanziellen Abschreibungen. Die Verluste aus dem Abgang von Vermögensgegenständen des Anlagevermögens fallen unter die sonstigen ordentlichen Aufwendungen (s. Konto 545).

Erläuterungen zum Ergebnisplan
- Fortsetzung -

Zeile	
15	**Transferaufwendungen** (§ 2 I Nr. 14 KomHVO, **Kontengruppe 53**) = Zahlungen an die öffentliche Hand oder an Private, denen kein Anspruch der Kommune auf eine konkrete Gegenleistung gegenübersteht (= kein gegenseitiger Austausch von Leistungen). BEACHTE: Trotz ebenfalls nicht bestehender Gegenleistung fallen die Steuern, die die Kommune selbst zu zahlen hat, nicht unter die Transferaufwendungen, sondern unter die sonstigen ordentlichen Aufwendungen (s. Konto 544).
16	**Sonstige ordentliche Aufwendungen** (§ 2 I Nr. 15 KomHVO, **Kontengruppe 54**) = Auffangposition für Aufwendungen, die nicht unter Zeilen 11 - 15 fallen.
17	**Summe der ordentlichen Aufwendungen**
18	**Ordentliches Ergebnis** = Saldo aus der Summe der ordentlichen Erträge gemäß Zeile 10 und der Summe der ordentlichen Aufwendungen gemäß Zeile 17 (§ 2 II Nr. 1 KomHVO).
19	**Finanzerträge** (§ 2 I Nr. 16 KomHVO, **Kontengruppe 46**) = Zinserträge aus von der Kommune an Dritte gewährten Darlehen differenziert nach Schuldnern und aus Guthaben der Kommune sowie sonstige Finanzerträge.
20	**Zinsen und sonstige Finanzaufwendungen** (§ 2 I Nr. 17 KomHVO, **Kontengruppe 55**)

Erläuterungen zum Ergebnisplan
- Fortsetzung -

Zeile	
	= Zinsaufwendungen differenziert nach Gläubigern, Kreditbeschaffungskosten (Disagio) sowie sonstige Finanzaufwendungen. BEACHTE: Zu den zinsähnlichen Aufwendungen gehören nicht die allgemeinen Aufwendungen für den Geldverkehr wie z.B. Kontoführungs- oder Überweisungsgebühren. Diese gehören als sonstige ordentliche Aufwendung in die Kontengruppe 54.
21	**Finanzergebnis** = Saldo aus den Finanzerträgen gemäß Zeile 19 und den Zinsen und sonstigen Finanzaufwendungen gemäß Zeile 20 (§ 2 II Nr. 2 KomHVO)
22	**Ergebnis der laufenden Verwaltungstätigkeit** = Summe aus dem ordentlichen Ergebnis gemäß Zeile 18 und dem Finanzergebnis gemäß Zeile 21 (§ 2 II Nr. 3 KomHVO)
23	**Außerordentliche Erträge** (§ 2 I Nr. 18 KomHVO, **Kontengruppe 49**) = Erträge, die die Kommune nur <u>selten</u> erzielt, d.h. die für sie <u>ungewöhnlich</u> und im Verhältnis zum Gesamthaushaltsvolumen von <u>einiger Bedeutung</u> sind. Bsp.: Versicherungsleistungen nach einer Naturkatastrophe
24	**Außerordentliche Aufwendungen** (§ 2 I Nr. 19 KomHVO, **Kontengruppe 59**) = Aufwendungen, die die Gemeinde nur <u>selten</u> zu tragen hat, die für sie <u>ungewöhnlich</u> und im Verhältnis zum Gesamthaushaltsvolumen von <u>einiger Bedeutung</u> sind. Bsp.: Besondere Schadensereignisse wie Hochwasser, Sturm, Erdbeben.

Erläuterungen zum Ergebnisplan
- Fortsetzung -

Zeile	
25	**Außerordentliches Ergebnis** = Saldo aus den außerordentlichen Erträgen gemäß Zeile 23 und den außerordentlichen Aufwendungen gemäß Zeile 24 (§ 2 II Nr. 4 KomHVO)
26	**Jahresergebnis** = Summe aus dem Ergebnis der laufenden Verwaltungstätigkeit gemäß Zeile 22 und dem außerordentlichen Ergebnis gemäß Zeile 25 (§ 2 II Nr. 5 KomHVO)

Finanzplan

= Planung der im Haushaltsjahr voraussichtlich eingehenden Einzahlungen und zu leistenden Auszahlungen (§ 79 I GO, § 11 I KomHVO)

Die Gliederung des (Gesamt-) Finanzplans ergibt sich aus
§ 3 KomHVO / Anlage 5

der Finanzplan unterscheidet zwischen Einzahlungen/Auszahlungen

aus laufender **Verwaltungstätigkeit**	aus **Investitionstätigkeit**
(Verknüpfung zum Ergebnisplan)	sowie aus **Finanzierungstätigkeit**

Einzahlung	**Auszahlung**
= Erhöhung des Zahlungsmittelbestandes (Bilanzposition „Liquide Mittel" [1])	= Minderung des Zahlungsmittelbestandes (Bilanzposition „Liquide Mittel" [1])

Ziele des Finanzplans

1. Planung der **Entwicklung des Zahlungsmittelbestandes**.
2. Darstellung der **Mittelherkunft und Mittelverwendung**.
3. **Ermächtigung** der Verwaltung, Investitionen zu tätigen (durch die vom Rat erlassene Haushaltssatzung wird der Haushaltsplan - und damit der Finanzplan - im Innenverhältnis, d.h. zwischen Rat und Verwaltung, verbindlich).
4. Planung des notwendigen **Kreditbedarfs** für Investitionen (vgl. § 86 I GO) und zur Liquiditätssicherung.

---

[1] Die Einzahlungs- und Auszahlungskonten (Finanzkonten) gehören zu den Bestandskonten, die sich aus der Auflösung des Bilanzkontos „Liquide Mittel" ergeben. So gehören z.B. die Ausgaben für die Finanzierung einer Investition in den Finanzplan; der „Verbrauch" der Anschaffung, d.h. die Abschreibung, erfolgt dann im Ergebnisplan bzw. der Ergebnisrechnung.

Erläuterungen zum Finanzplan

Der Finanzplan wird entsprechend der in **§ 3 KomHVO** vorgegebenen **Gliederung** aufgestellt. Dieser Gliederung entspricht das Muster in **Anlage 5**.

Die nachfolgende Tabelle erläutert die einzelnen Positionen des Finanzplans:

Zeile	
1 - 8	**Einzahlungen aus laufender Verwaltungstätigkeit** (§ 3 I Nr. 1 - 8 KomHVO, **Kontenklasse 6 „Einzahlungen"**, **Kontengruppen 60 - 66**)
	BEACHTE: Die Einzahlungsarten der Zeilen 1 - 8 entsprechen den Ertragsarten der Zeilen 1 - 7 und 19 des Ergebnisplans, da die dort genannten Erträge mit Einzahlungen (Veränderungen des Zahlungsmittelbestandes) verbunden, d.h. **zahlungswirksam** sind. Die Ertragsarten „Aktivierte Eigenleistungen" (Zeile 8) sowie „Bestandsveränderungen" (Zeile 9) haben hingegen keine Entsprechung im Finanzplan, da sie nicht mit einer Zahlung (Veränderung des Zahlungsmittelbestandes) verbunden und daher nicht zahlungswirksam sind.
	Wegen der Identität der Einzahlungen aus laufender Verwaltungstätigkeit mit den Ertragsarten der Zeilen 1 -7 und 16 des Ergebnisplans wird auf die dortigen Erläuterungen verweisen.
9	**Summe der Einzahlungen aus laufender Verwaltungstätigkeit**
10 - 15	**Auszahlungen aus laufender Verwaltungstätigkeit** (§ 3 I Nr. 9 - 14 KomHVO, **Kontenklasse 7 „Auszahlungen"**, **Kontengruppen 70 - 75**)
	BEACHTE: Die Auszahlungsarten der Zeilen 10 - 15 entsprechen den Aufwandsarten der Zeilen 11 – 16 und 20 des Ergebnisplans, da die dort genannten Aufwendungen mit Auszahlungen (Veränderungen des Zahlungsmittelbestandes) verbunden, d.h. **zahlungswirksam** sind. Die Aufwandsart „Bilanzielle Abschreibungen" (Zeile 14) hat keine Entsprechung im Finanzplan, da sie nicht mit einer Auszahlung verbunden und daher nicht zahlungswirksam ist (Abschreibung = Wertminderung bei Vermögensgegenständen).
16	**Summe der Auszahlungen aus laufender Verwaltungstätigkeit**

Erläuterungen zum Finanzplan
- Fortsetzung -

Zeile	
17	**Saldo aus laufender Verwaltungstätigkeit** (= Zeilen 9 und 16) = Saldo aus den Ein- und Auszahlungen aus laufender Verwaltungstätigkeit (§ 3 II Nr. 1 KomHVO) = **Cash-Flow** aus laufender Verwaltungstätigkeit. Der Cash-Flow im Finanzplan zeigt, ob durch die geplante Verwaltungstätigkeit ein Liquiditätsdefizit oder -überschuss entstehen wird. Ein Defizit deutet darauf hin, dass die Gemeinde Kredite zur Liquiditätssicherung benötigt, um ihren Zahlungsverpflichtungen nachkommen zu können (vgl. § 89 II GO).
18 - 22	**Einzahlungen aus Investitionstätigkeit** (§ 3 I Nr. 15 - 19 KomHVO, **Kontenklasse 6 „Einzahlungen", Kontengruppe 68**) Investition = Veränderung des Anlagevermögens (§ 34 I KomHVO) und sonstiger finanzieller Vermögenswerte.
18	**Einzahlungen aus Zuwendungen für Investitionsmaßnahmen** (§ 3 I Nr. 15 KomHVO, **Kontengruppe 68, Konto 681**) = Förderung von Investitionen der Kommune durch Dritte (vgl. § 44 IV und V KomHVO). BEACHTE: • Unerheblich ist, ob die Zuwendung bezogen auf ein konkretes Projekt oder lediglich pauschal erfolgt. Entscheidend ist allein, dass sie für eine Investition der Kommune bestimmt ist. • Die Zuwendung ist auf den Zeitraum, in dem der geförderte Vermögensgegenstand genutzt wird, zu verteilen. Dies erfolgt durch die Bildung eines Sonderpostens, der anteilig über die Jahre der Nutzung des geförderten Vermögensgegenstandes entsprechend seiner Abnutzung ertragswirksam aufgelöst wird (vgl. § 44 V KomHVO).

Erläuterungen zum Finanzplan
- Fortsetzung -

19	**Einzahlungen aus der Veräußerung von Sachanlagen** (§ 3 I Nr. 16 KomHVO, **Konten 682 - 684**) Zum Begriff der Sachanlagen vgl. § 42 III 1.2 KomHVO. BEACHTE: Die Sachanlagen sind Bestandteil des Anlagevermögens. Zum Anlagevermögen gehören alle Vermögensgegenstände, die dazu bestimmt sind, <u>dauernd</u> (= länger als ein Haushaltsjahr) der Aufgabenerfüllung der Gemeinde zu dienen (§ 34 I 2 KomHVO).
20	**Einzahlungen aus der Veräußerung von Finanzanlagen** (§ 3 I Nr. 17 KomHVO, **Konto 685**) Zum Begriff der Finanzanlagen vgl. § 42 III 1.3 KomHVO.
21	Einzahlungen aus **Beiträgen und ähnlichen Entgelten** (§ 3 I Nr. 18 KomHVO, **Konto 688**) Beiträge dienen gemäß § 8 KAG der Finanzierung des (Sach-)Anlagevermögens. Im Gegensatz zu den Einnahmen aus Steuern und Gebühren sind sie investitionsbezogen und gehören damit zu den „Einzahlungen aus Investitionstätigkeit".
22	**Sonstige Investitionseinzahlungen** (§ 3 I Nr. 19 KomHVO, **Konto 689**) = Auffangposition für Einzahlungen aus Investitionstätigkeit, die nicht unter Zeilen 18 - 21 fallen.
23	**Summe der Einzahlungen aus Investitionstätigkeit**
24 - 29	**Auszahlungen aus (für) Investitionstätigkeit** (§ 3 I Nr. 20 - 25 KomHVO, **Kontenklasse 7 „Auszahlungen", Kontengruppe 78**)
24	**Auszahlungen für den Erwerb von Grundstücken und Gebäuden** (§ 3 I Nr. 20 KomHVO, **Konto 781**) = alle Auszahlungen für den Erwerb von Sachanlagevermögen i.S.d. § 42 III Ziffern 1.2.1, 1.2.2 und 1.2.3.1 KomHVO.

Erläuterungen zum Finanzplan
- Fortsetzung -

25	**Auszahlungen für Baumaßnahmen** (§ 3 I Nr. 21 KomHVO, **Konto 782**) = Herstellungskosten für noch nicht fertiggestellte Sachanlagen (i.d.R. Gebäude). Herstellungskosten entstehen, wenn die Aufwendungen für eine Baumaßnahme eine Herstellung, Erweiterung oder eine über den ursprünglichen Zustand hinausgehende wesentliche Verbesserung zur Folge haben (vgl. § 34 III KomHVO). Ob die Baumaßnahme auf einem eigenen oder auf einem fremden Grundstück erfolgt, ist nicht entscheidend.
26	**Auszahlungen für den Erwerb von beweglichem Anlagevermögen** (§ 3 I Nr. 22 KomHVO, **Konten 783 und 784**)
27	**Auszahlungen für den Erwerb von Finanzanlagen** (§ 3 I Nr. 23 KomHVO, **Konto 785**) = Erwerb von Kapitalanlagen und Beteiligungen. Ausleihungen sind langfristig gewährte Darlehen an einen Betrieb, an dem die Gemeinde beteiligt ist. Sie werden im Kontenplan der FHöV unter dem eigenen Konto 787 erfasst.
28	**Auszahlungen von aktivierbaren Zuwendungen** (§ 3 I Nr. 24 KomHVO, **Konto 786**) Eine Zuwendung der Kommune an Dritte ist aktivierbar, wenn die Kommune <u>wirtschaftliche</u> (nicht rechtliche) Eigentümerin des mit der Zuwendung geschaffenen Vermögensgegenstandes wird; die Zuwendung ist dann investitionsbezogen. Eine Zuwendung ist ferner aktivierbar, wenn sich der Zuwendungsempfänger zu einer Gegenleistung gegenüber der Kommune verpflichtet. Die Gegenleistungsverpflichtung kann Zeit oder mengenbezogen sein. Sie ist z.B. zeitbezogen, wenn sich der Zuwendungsempfänger verpflichtet, den geförderten Vermögensgegenstand eine zeitlang zu einem bestimmten Zweck zu nutzen (Bsp.: Ein gefördertes Fahrzeug soll 5 Jahre lang im Rettungsdienst eingesetzt werden). Ist die Zuwendung hingegen frei verwendbar, ist sie als Transferaufwendung/- auszahlung zu erfassen.

Erläuterungen zum Finanzplan
- Fortsetzung -

29	**Sonstige Investitionsauszahlungen** (§ 3 I Nr. 25 KomHVO, **Konto 789**)	
	= Auffangposition für Auszahlungen aus Investitionstätigkeit, die nicht unter Zeilen 24 - 28 fallen (z.B. Rückzahlungen von Investitionszuwendungen).	
30	**Summe der Auszahlungen aus Investitionstätigkeit**	
31	**Saldo aus Investitionstätigkeit** (= Zeilen 23 und 30)	
	= Saldo aus den Ein- und Auszahlungen aus Investitionstätigkeit (§ 3 II Nr. 2 KomHVO)	
	= **Cash-Flow** aus Investitionstätigkeit.	
	Der Cash-Flow im Finanzplan zeigt, ob durch die geplante Investitionstätigkeit ein Defizit oder ein Überschuss entstehen wird.	
32	**Finanzmittelüberschuss/ -fehlbetrag** (Zeilen 17 und 31)	
	= die Summe der Casch-Flows aus laufender Verwaltungstätigkeit und Investitionstätigkeit (§ 3 II Nr. 3 KomHVO).	
	Überschuss = nach Planung der Verwaltungs- und Investitionstätigkeit stehen noch Mittel zur Verfügung. Dieser Überschuss kann zur Tilgung von Krediten verwendet werden.	
	Fehlbetrag = die zur Verfügung stehenden Mittel reichen für die geplante Investitionstätigkeit nicht aus. Der entsprechende Fehlbetrag kann durch eine Kreditaufnahme ausgeglichen werden.	
	BEACHTE: Ist die geplante Verwaltungstätigkeit defizitär, darf dieses Defizit im Rahmen der Planung nicht durch Haushaltskredite ausgeglichen werden. Denn gemäß § 86 I GO dürfen Kredite nur für Investitionen bzw. zur Umschuldung aufgenommen werden. Zur Vermeidung eines Defizits müssen in der Planung die Auszahlungen aus laufender Verwaltungstätigkeit gekürzt werden. Zur rechtzeitigen Leistung ihrer Auszahlungen kann die Gemeinde jedoch Kredite zur Liquiditätssicherung aufnehmen (vgl. § 89 II GO).	

Erläuterungen zum Finanzplan
- Fortsetzung -

33/34	**Aufnahme und Rückflüsse von Darlehen** = Einzahlungen aus der **Aufnahme von Krediten für Investitionen** (§ 3 I Nr. 26 KomHVO, **Kontengruppe 69**) und **zur Liquiditätssicherung** (§ 3 I Nr. 27 KomHVO, **Kontengruppe 69**) Unter der Haushaltsposition sind auch Einzahlungen aus der Aufnahme von Krediten zur Umschuldung sowie Rückzahlungen von Krediten, die die Gemeinde Dritten gewährt hat (mit Ausnahme der Ausleihungen-s.o. Zeile 27), zu veranschlagen. Rückzahlungen aus Ausleihungen sind unter der Position „Einzahlungen aus der Veräußerung von Finanzanlagen" zu veranschlagen.
35/36	**Tilgung und Gewährung von Darlehen** = Auszahlungen für die **Tilgung von Krediten für Investitionen** (§ 3 I Nr. 28 KomHVO, **Kontengruppe 79**) und **zur Liquiditätssicherung** (§ 3 I Nr. 29 KomHVO, **Kontengruppe 79**)
37	**Saldo aus Finanzierungstätigkeit** (Zeilen 33/34 und 35/36) = Saldo aus den Ein- und Auszahlungen aus Finanzierungstätigkeit (§ 3 II Nr. 4 KomHVO). **= Cash-Flow** aus Finanzierungstätigkeit Der Cash-Flow im Finanzplan zeigt, ob durch die geplante Finanzierungstätigkeit ein Defizit oder ein Überschuss entstehen wird.
38	**Änderung des Bestandes an eigenen Finanzmitteln** (Zeilen 32 und 37) = die Summe aus Finanzmittelüberschuss oder Finanzmittelfehlbetrag und aus dem Cash-Flow aus Finanzierungstätigkeit (§ 3 II Nr. 5 KomHVO).
39	**Anfangsbestand an Finanzmitteln** = voraussichtlicher (Planung!) Bestand am Anfang des zu planenden Haushaltsjahres.

Erläuterungen zum Finanzplan
- Fortsetzung -

40	**Liquide Mittel** (Zeilen 38 und 39) = die Summe aus der Änderung des Bestandes an eigenen Finanzmitteln und dem Bestand am Anfang des Haushaltsjahres = Bestand an Finanzmitteln am Ende des Haushaltsjahres (§ 3 II Nr. 6 KomHVO). Der <u>geplante</u> Bestand an Finanzmitteln am Ende des Haushaltsjahres entspricht bei Eintritt der Planung der Bilanzposition „Liquide Mittel" (Bar- und Buchgeld).

Teilpläne

Die Teilpläne bestehen gemäß § 4 I 3 KomHVO aus einem

Teilergebnisplan
(Anlage 9)

= Darstellung der **Aufwendungen und Erträge**, ggfs. einschließlich der Aufwendungen und Erträge aus internen Leistungsbeziehungen (vgl. §§ 4 III 3, 16 KomHVO).

Teilfinanzplan
(Anlage 10 A und 10 B)

= Darstellung kann auf die **investiven Einzahlungen und Auszahlungen** mit Übersicht einzelner Maßnahmen bei Investitionen oberhalb der vom Vertretungsorgan (Rat) festgesetzten Wertgrenze beschränkt werden.

BEACHTE:
Da interne Leistungsbeziehungen nicht zu Zahlungen der Gemeinde führen, kommt eine gleichzeitige Abbildung im Teilfinanzplan nicht in Betracht

Teilpläne
- Fortsetzung -

Ziel: Gliederung des Haushaltsplans

Die Gliederung erfolgt nach folgender Ordnung:

---

1. verbindlicher Produktrahmen

Grundlage:
Gemäß § 4 I 2 KomHVO sind die Teilpläne **produktorientiert**.
Um die Vergleichbarkeit kommunaler Haushalte sicherzustellen sowie die Prüfung durch die Aufsicht zu gewährleisten, hat das Land den Produktrahmen, d.h. die **Produktbereiche**, in die der kommunale Haushalt zu gliedern ist, **verbindlich** vorgegeben (§ 4 I 4 KomHVO, Anlagen 6 und 7).

verbindliche Produktbereiche:

01 Innere Verwaltung	07 Gesundheitsdienste	13 Natur und Landschaftspflege
02 Sicherheit und Ordnung	08 Sportförderung	14 Umweltschutz
03 Schulträgeraufgaben	09 Räumliche Planung und Entwicklung, Geoinformationen	15 Wirtschaft und Tourismus
04 Kultur und Wissenschaft	10 Bauen und Wohnen	16 Allgemeine Finanzwirtschaft
05 Soziale Leistungen	11 Ver- und Entsorgung	17 Stiftungen
06 Kinder-, Jugend- und Familienhilfe	12 Verkehrsflächen und -anlagen, ÖPNV	

---

2. unverbindliche weitere Untergliederung

Unterhalb der Ebene der verbindlich vorgeschriebenen Produktbereiche kann die Gemeinde entsprechend ihrer eigenen Bedürfnisse frei über die weitere Untergliederung entscheiden. Dabei hat sie gemäß § 4 I 4 KomHVO die Wahl zwischen einer weiteren

produktbezogenen Gliederung in

Produktgruppen
und
Produkte
(= Dienstleistungen am Bürger, vgl. Ziffer 1.2.4 Satz 4 VV)

und

einer Gliederung nach **Verantwortungsbereichen** in

Organisationseinheiten
(Dezernate, Ämter)

Teilpläne
- Fortsetzung -

Ausnahme:
- Der Produktbereich 16 „Allgemeine Finanzwirtschaft" wird nicht weiter untergliedert, da eine Zuordnung von z.B. Steuern (= Geldleistung ohne Gegenleistung für eine besondere Leistung, § 3 I AO) auf einen bestimmten Verwendungszweck nicht möglich ist.
- Gemäß § 18 II KomHVO können Versorgungs- und Beihilfeaufwendungen auf Teilpläne aufgeteilt oder zentral veranschlagt werden. Wo eine zentrale Veranschlagung zu erfolgen hat, ist nicht näher geregelt. In Betracht kommt der Produktbereich 01.

BEACHTE:
Der verbindliche Produktrahmen steckt die äußeren Grenzen der Produktbereiche ab. Um auf der Ebene der verbindlich vorgegebenen Produktbereiche die Vergleichbarkeit zu gewährleisten, dürfen die weiteren Untergliederungen (Produktgruppen, Produkte) nicht über das Aufgaben- und Leistungsspektrum der Produktbereiche hinausgehen.
Ein Muster über den Aufbau von Teilplänen findet sich in Anlage 8.

Teilpläne
- Fortsetzung -

Auf der Grundlage des § 4 KomHVO enthalten die Teilpläne ferner folgende Informationen:

- Erläuterungen zum Produktbereich sowie den Produktgruppen mit den beschriebenen Produkten
- Ziele und Kennzahlen (zur Messung der Zielerreichung)
- ggfs. Auszüge aus der Stellenübersicht

Zusätzlich können in den Teilplänen ergänzende Angaben gemacht werden über:

- spezielle Bewirtschaftungsregelungen (vgl. § 4 V KomHVO)
- Erläuterungen zu den Haushaltspositionen
- quantitative und qualitative Leistungsmengen, soweit sie zielbezogen und steuerungsrelevant sind
- Daten über örtliche Verhältnisse (z.B. zur Verwaltungsorganisation, den Verantwortlichkeiten, der Auftragsgrundlage, den Zielgruppen, der Wettbewerbssituation)

Teilergebnisplan

Der Teilergebnisplan unterscheidet sich vom Ergebnisplan allein durch die Zeilen 27 und 28. Unter „internen Leistungsbeziehungen" versteht man die Beziehungen zwischen den einzelnen Teilplänen/Produktbereichen (vgl. § 16 KomHVO). Erbringt ein Produktbereich als interner Dienstleister (z.B. das Personalamt) für einen oder mehrere andere Bereiche Leistungen, so sind die daraus entstehenden Erträge und Aufwendungen intern zu verrechnen. Da sich die internen Leistungsbeziehungen gemäß § 16 KomHVO im Ergebnisplan insgesamt ausgleichen müssen, sind sie dort im Gegensatz zu den Teilplänen nicht gesondert aufzuführen.

Eine Position, die keinen Betrag ausweist, kann grds. entfallen (§ 4 VI KomHVO).

Ausnahme:
Im Vor- oder im Vorvorjahr wurde unter dieser Position ein Betrag ausgewiesen oder in der mittelfristigen Ergebnisplanung soll unter dieser Position ein Betrag ausgewiesen werden.

Teilfinanzpläne

Der Teilfinanzpläne entsprechen gemäß § 4 I 1 KomHVO dem Finanzplan, soweit die dort enthaltenen Ein- und Auszahlungen nicht zentral im Haushalt oder einem Teilfinanzplan veranschlagt sind. Abweichend davon kann die Darstellung auf die Ein- und Auszahlungen sowie den Saldo aus Investitionstätigkeit beschränkt werden. Die Teilfinanzpläne gliedern sich in

eine **Zahlungsübersicht** (§ 4 IV 2 KomHVO, Anlage 10 A)	die **Planung einzelner Investitionsmaßnahmen** (§ 4 IV 3 KomHVO, Anlage 10 B)
= Darstellung der **Ein- und Auszahlungen für Investitionen** sowie des Saldos aus Investitionstätigkeit (Zeilen 23 und 30 des Finanzplans)	= Darstellung a) **einzelner Investitionsmaßnahmen oberhalb** einer vom Vertretungsorgan (Rat) festgelegten **Wertgrenze** (= Aufteilung der Finanzmittel auf einzelne Investitionsmaßnahmen). b) der **Summe der Investitionsmaßnahmen unterhalb** der **Wertgrenze** **Festlegung der Wertgrenze:** Die Wertgrenze kann a) einheitlich für alle Investitionsmaßnahmen oder b) differenziert nach Bereichen (z.B. Produktbereichen, Objekten) erfolgen. Sie kann sich a) auf die Gesamtdauer einer Maßnahme oder b) ein einzelnes Haushaltsjahr beziehen.

In Spalte 4 des Teilfinanzplans sind die **Verpflichtungsermächtigungen** auszuweisen (siehe auch § 12 I KomHVO).
Verpflichtungsermächtigungen belasten künftige Haushaltsjahre mit Auszahlungen für Investitionen (vgl. § 78 II Nr. 1 d) GO).

Verpflichtungsermächtigungen
§§ 78 II Nr. 1d), 85 GO, § 12 KomHVO

Eine Verpflichtungsermächtigung ist eine

Verpflichtung, die	Die Verpflichtung ist meist vertraglicher Natur. Sie muss im laufenden Haushaltsjahr eingegangen werden.
<u>künftige</u> **Haushaltsjahre**	Die Erfüllung der Verpflichtung (Auszahlung) erfolgt erst in künftigen Haushaltsjahren. Gemäß § 12 I 2 und 3 KomHVO ist bei der Veranschlagung von Investitionen oberhalb der Wertgrenze anzugeben, wie sich die Belastungen (Auszahlungen) aus den Verpflichtungsermächtigungen voraussichtlich auf die künftigen Jahre verteilen werden.
mit **Auszahlungen**	Da sich Verpflichtungsermächtigungen auf Auszahlungen beziehen, sind sie gemäß § 12 I KomHVO maßnahmebezogen in den **Teilfinanzplänen** zu veranschlagen. Der Gesamtbetrag der Verpflichtungsermächtigungen wird in § 3 der Haushaltssatzung ausgewiesen (s. Anhang 1).
für **Investitionen** belastet.	= für die Veränderung des Anlagevermögens

Verpflichtungsermächtigungen gelten bis zum Ende des auf das Haushaltsjahr folgenden Jahres; wenn die Haushaltssatzung für das übernächste Jahr nicht rechtzeitig öffentlich bekannt gemacht wird, gelten sie bis zum Erlass dieser Haushaltssatzung (§ 85 II GO).

Haushaltsgrundsätze

- allgemeine Haushaltsgrundsätze
- Veranschlagungs- und Deckungsgrundsätze

BEACHTE:
Die Haushaltsgrundsätze gelten nicht nur in der Planungsphase, sondern auch in der Ausführungsphase sowie beim Jahresabschluss.

allgemeine Haushaltsgrundsätze

Die allgemeinen Haushaltsgrundsätze sind in der **Gemeindeordnung** geregelt:

§ 75 GO			
§ 75 I 1, VI GO Grundsatz der **Sicherung der stetigen Aufgabenerfüllung** und **Liquiditätssicherung**	**§ 75 I 2 GO** Grundsatz der **Wirtschaftlichkeit, Effizienz und Sparsamkeit**	**§ 75 I 3 GO** Grundsatz der **Beachtung des gesamtwirtschaftlichen Gleichgewichts**	**§ 75 II 1 GO** Grundsatz des **Haushaltsausgleichs**

§ 77 GO
Grundsätze der **Finanzmittelbeschaffung** (Bedarfsdeckungsprinzip)

§ 78 GO	
§ 78 IV GO Grundsatz der **Jährlichkeit**	**§ 78 III GO** Grundsatz der **Vorherigkeit** und **zeitlichen Bindung**

§§ 48 II 1, **80**, 96 II 2 **GO**
Grundsatz der **Öffentlichkeit**

Sicherung der stetigen Aufgabenerfüllung
und
Liquiditätssicherung

Sicherung der stetigen Aufgabenerfüllung, § 75 I 1 GO

oberster Haushaltsgrundsatz

= die Gemeinde muss sicherstellen, dass sie ihre Aufgaben <u>dauerhaft</u> wahrnehmen und erfüllen kann.

Folge: Die Haushaltswirtschaft ist nicht auf das laufende Haushaltsjahr beschränkt, sondern Bedarf einer längerfristigen Betrachtung. Diese kommt durch die mittelfristige Ergebnis- und Finanzplanung (§ 84 GO) zum Ausdruck.

BEACHTE:
Ergibt sich bei der Planung, dass neue Aufgaben nicht finanzierbar sind, hat die Fortführung der bereits bestehenden Aufgaben Vorrang, soweit sich diese nicht reduzieren lassen.

Liquiditätssicherung, §§ 75 VI, 89 GO

= Sicherstellung der Zahlungsfähigkeit durch eine angemessene Liquiditätsplanung unter Einbeziehung der im Finanzplan ausgewiesenen Einzahlungen und Auszahlungen (vgl. § 31 VI KomHVO).

§ 89 II 1 GO ermächtigt die Gemeinde im Hinblick auf die rechtzeitige Leistung ihrer Auszahlungen zur Aufnahme von **Krediten zur Liquiditätssicherung** bis zu dem in der Haushaltssatzung festgesetzten Höchstbetrag (§ 5 der Haushaltssatzung – siehe Anlage 1), soweit dafür keine anderen Mittel zur Verfügung stehen.

BEACHTE:
Diese Ermächtigung gilt über das Haushaltsjahr hinaus bis zum Erlass der neuen Haushaltssatzung (§ 89 II 2 GO).

Wirtschaftlichkeit, Effizienz und Sparsamkeit, § 75 I 2 GO

Wirtschaftlichkeit

= Kosten / Nutzen Verhältnis

a) Ein **definierter Nutzen** (Erfolg) soll mit möglichst **geringen Kosten** erreicht werden.

b) Mit **feststehenden Kosten** soll ein möglichst **großer Nutzen** (Erfolg) erreicht werden.

BEACHTE:
Auf der Kostenseite sind neben den Anschaffungs- und Herstellungskosten auch die Folgekosten zu berücksichtigen.

- Die **Kontrolle der Wirtschaftlichkeit** des Verwaltungshandelns erfolgt über die **Kosten und Leistungsrechnung**.
- Bevor **Investitionen** <u>oberhalb</u> der vom **Vertretungsorgan festgelegten Wertgrenzen** beschlossen und im Haushaltsplan ausgewiesen werden, soll gemäß § 13 I KomHVO unter mehreren in Betracht kommenden Möglichkeiten grds. durch einen **Wirtschaftlichkeitsvergleich** die für die Kommune wirtschaftlichste Lösung ermittelt werden.
- Vor Beginn einer **Investition** <u>unterhalb</u> der festgelegten Wertgrenzen muss gemäß § 13 III KomHVO mindestens eine **Kostenberechnung** vorliegen.

Sparsamkeit

= für die Aufgabenerfüllung sollen möglichst wenig Mittel verbraucht werden, ohne dabei den Grundsatz der Wirtschaftlichkeit zu gefährden.

Der Grundsatz der Sparsamkeit ist insbesondere vor dem Hintergrund zu sehen, dass die Gemeinden ihre Aufgaben überwiegend durch Abgaben finanzieren. Dabei ist auf die wirtschaftliche Leistungsfähigkeit der Abgabepflichtigen Rücksicht zu nehmen (§ 10 Satz 2 GO).

- Als konkrete Folge der sparsamen und wirtschaftlichen Haushaltsführung sind Aufträge gemäß § 26 KomHVO öffentlich auszuschreiben.

Effizienz

= während sich die Grundsätze der Wirtschaftlichkeit und der Sparsamkeit auf das Ergebnis (den Erfolg / Nutzen) beziehen, bezieht sich der Grundsatz der Effizienz auf die **Form bzw. Organisation der Aufgabenerledigung**.

gesamtwirtschaftliches Gleichgewicht, § 75 I 3 GO

Grundlage:
Gesetz zur Förderung der Stabilität und des Wachstums der Wirtschaft (StWG)

Ziele (§ 1 StWG):

a) Stabilität des Preisniveaus
b) hoher Beschäftigungsstand
c) außenwirtschaftliches Gleichgewicht
d) stetiges und angemessenes Wirtschaftswachstum

BEACHTE:
- Unmittelbare Adressaten des § 1 StWG sind der Bund und die Länder. Die Gemeinden haben gemäß § 16 I StWG bei ihrer Haushaltswirtschaft den Zielen des § 1 StWG Rechnung zu tragen. Diese Forderung greift § 75 I 3 GO auf.
- Aus der Formulierung „Dabei" in § 75 I 3 GO wird deutlich, dass die Sicherung der stetigen Aufgabenerfüllung Vorrang vor den in § 1 StWG genannten Zielen hat.

Haushaltsausgleich, § 75 II GO

1. Der Haushalt ist ausgeglichen, wenn

der **Gesamtbetrag der Erträge**
die Höhe des **Gesamtbetrages der Aufwendungen
erreicht oder übersteigt** (§ 75 II 2 GO).

Erträge ≥ Aufwendungen

2. Der Haushalt gilt als ausgeglichen, wenn

der **Fehlbedarf im Ergebnisplan** und
der **Fehlbetrag in der Ergebnisrechnung**
durch **Inanspruchnahme der Ausgleichsrücklage** und/oder eine pauschale Kürzung von Aufwendungen (globaler Minderaufwand) gedeckt werden kann (§ 75 II 3 und 4 GO).

Zu den Einzelheiten des Haushaltsausgleichs siehe Seite 78ff

Grundsätze der Finanzmittelbeschaffung, § 77 GO

§ 77 I GO

„Die Gemeinde erhebt Abgaben nach den gesetzlichen Vorschriften."

- Abgaben = Steuern, Gebühren und Beiträge (vgl. § 1 I KAG)
- gesetzliche Vorschriften sind z.B.
  - die Steuergesetze (Grundsteuergesetz, Gewerbesteuergesetz)
  - das Kommunalabgabengesetz (KAG), Gebühren- und Beitragssatzungen

Dabei hat sie gemäß § 77 III GO auf die wirtschaftlichen Kräfte ihrer Abgabepflichtigen Rücksicht zu nehmen.

§ 77 II GO

„Sie hat die zur Erfüllung ihrer Aufgaben erforderlichen Finanzmittel (…) zu beschaffen, (…)."

= **Bedarfsdeckungsprinzip** (Die Einnahmen folgen den Ausgaben.)

Begrdg: Die Gemeinden sind gesetzlich zur Wahrnehmung bestimmter Aufgaben verpflichtet, deren Finanzierung gesichert sein muss (vgl. z.B. § 3 IV GO).

§ 77 II, IV GO - Rangfolge der Finanzmittel

Die Gemeinde finanziert sich

1. vorrangig aus **sonstigen Finanzmitteln** (§ 77 II a.E. GO)
   = alle Finanzmittel außer den speziellen Entgelten, Steuern und Krediten (z.B. Mieten, Pachten, Verkaufserlöse, Zinsen, Zuweisungen, Zuschüsse)
   - soweit diese nicht ausreichen -

2. aus **selbst zu bestimmenden Entgelten** (§ 77 II Nr. 1 GO) für die von der Gemeinde erbrachten Leistungen (z.B. Gebühren, Beiträge, Eintrittsgelder)
   - soweit vertretbar und geboten (vgl. § 10 Satz 2 GO)
   - nachrangig (vgl. § 3 II 1 KAG) -

3. aus **Steuern** (§ 77 II Nr. 2 GO) - Die Nachrangigkeit gilt nicht für
   - die Steuererhebung auf der Grundlage von Bundes- oder Landesgesetzen, da diese Vorschriften der Regelung in § 77 GO vorgehen.
   - die Vergnügungs- und Hundesteuer (§ 3 II 2 KAG), da diese als sog. Ordnungssteuern nicht vorrangig der Einnahmebeschaffung dienen.
   - und wenn eine andere Finanzierung nicht möglich oder wirtschaftlich unzweckmäßig ist -

4. über **Kredite** (§ 77 IV GO).

Zuweisungen des Landes Nordrhein-Westfalen an die Gemeinden und Gemeindeverbände im Haushaltsjahr 2019

(Gemeindefinanzierungsgesetz 2019 - GFG 2019)

Zuweisungen

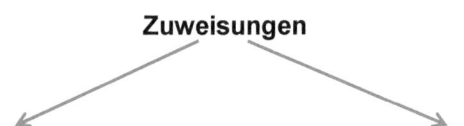

im Steuerverbund	außerhalb des Steuerverbundes
(§§ 1 III i.V.m. 2 - 19 GFG)	(§§ 1 IV i.V.m. 20 - 22 GFG)
erhalten die Gemeinden als Anteil am Steueraufkommen des Landes die zu verteilende **Finanzausgleichsmasse** (§ 2 GFG). Diese wird gemäß § 4 GFG auf a) Schlüsselzuweisungen (§§ 5 - 15 GFG) b) Investitions-, Aufwands-/ Unterhaltungspauschalen (§ 16 GFG) c) fachbezogene Sonderpauschalen (§§ 17 - 18 GFG) d) Bedarfszuweisungen (§ 19 GFG) aufgeteilt.	erhalten die Gemeinden Kompensationsleistungen • für Verluste durch die Neuregelung des Familienlastenausgleichs (§ 20 GFG) • für Verluste in Zusammenhang mit dem Steuervereinfachungsgesetz 2011 (§ 21 GFG) sowie • Zuweisungen nach Maßgabe des Haushaltsplans des Landes (§ 22 GFG)

Schlüsselzuweisungen

Die Schlüsselzuweisungen für die **Gemeinden** werden entsprechend §§ 5, 7 GFG wie folgt berechnet:

durchschnittliche Aufgabenbelastung der Gemeinde (= Ausgangsmesszahl, § 8 GFG)
- Steuerkraft der Gemeinde (= Steuerkraftmesszahl, § 9 GFG)
= Unterschiedsbetrag x 0,9 = Schlüsselzuweisung (§ 7 I GFG)

Erreicht oder überschreitet die Steuerkraftmesszahl die Ausgangsmesszahl, d.h. ist der Unterschiedsbetrag ≤ 0, erhält die Gemeinde keine Schlüsselzuweisung (§ 7 II GFG).

Ermittlung der Ausgangsmesszahl:

Gesamtansatz x Grundbetrag nach § 28 I 2 GFG = Ausgangsmesszahl (§ 8 I GFG)

Gesamtansatz (§ 8 II GFG) = Hauptansatz (§ 8 III GFG)
  + Schüleransatz (§ 8 IV GFG)
  + Soziallastenansatz (§ 8 V GFG)
  + Zentralitätsansatz (§ 8 VI GFG)
  + Flächenansatz (§ 8 VII GFG)

Ermittlung der Steuerkraftmesszahl:

§ 9 I GFG: Summe der Steuerkraftzahlen aus

der Gewerbesteuer (GewSt)
+ der Grundsteuer A (GrSt A)
+ der Grundsteuer B (GrSt B)
+ des Gemeindeanteils an der Einkommensteuer
+ des Gemeindeanteils an der Umsatzsteuer
- Steuerkraftzahl Gewerbesteuerumlage in der Referenzperiode (§ 27 VIII GFG)

= Steuerkraftmesszahl

Schlüsselzuweisungen
- Fortsetzung -

Die **Steuerkraftzahl der Gewerbe- sowie der Grundsteuer A und B** wird gemäß § 9 II Nr. 1 – 3 GFG wie folgt berechnet:

$$\frac{\text{Ist-Aufkommen des \textbf{1. Halbjahres} der Referenzperiode (§ 27 VIII GFG)}}{\text{tatsächlich festgesetzter Hebesatz des \textbf{1. Halbjahres} der Referenzperiode}}$$

+

$$\frac{\text{Ist-Aufkommen des \textbf{2. Halbjahres} der Referenzperiode (§ 27 VIII GFG)}}{\text{tatsächlich festgesetzter Hebesatz des \textbf{2. Halbjahres} der Referenzperiode}}$$

x fiktiver Hebesatz (GFG 2019: 418 GewSt, 223 GrSt A, 443 GrSt B)

Die **Steuerkraftzahl des Gemeindeanteils an der Einkommensteuer** wird gemäß § 9 II Nr. 4 GFG wie folgt berechnet:

Ist-Aufkommen in der Referenzperiode (§ 27 VIII GFG)
+ der in der Referenzperiode angefallenen Kompensationsleistungen nach § 20 GFG unter Berücksichtigung der in diesem Zeitraum angefallenen Abrechnungsbeträge
+ der in der Referenzperiode angefallenen Kompensationsleistungen nach § 21 GFG

Die **Steuerkraftzahl des Gemeindeanteils an der Umsatzsteuer** entspricht gemäß § 9 II Nr. 5 GFG dem Ist-Aufkommen in der Referenzperiode (§ 27 VIII GFG).

Die **Steuerkraftzahl der Gewerbesteuerumlage** wird gemäß § 9 II Nr. 6 wie folgt berechnet:

$$\frac{\text{Ist-Aufkommen der GewSt im \textbf{1. Halbjahr} der Referenzperiode}}{\text{tatsächlich festgesetzter Hebesatz im \textbf{1. Halbjahr} der Referenzperiode}}$$

x den im 1. Halbjahr der Referenzperiode festgesetzten Vervielfältigern für die Gewerbesteuerumlage

+

$$\frac{\text{Ist-Aufkommen der GewSt im \textbf{2. Halbjahr} der Referenzperiode}}{\text{tatsächlich festgesetzter Hebesatz im \textbf{2. Halbjahr} der Referenzperiode}}$$

x den im 2. Halbjahr der Referenzperiode festgesetzten Vervielfältigern für die Gewerbesteuerumlage

Schlüsselzuweisungen
- Fortsetzung -

Die Schlüsselzuweisung für die **Kreise** und die **Städteregion Aachen** wird entsprechend §§ 5, 10 GFG wie folgt berechnet:

durchschnittliche Aufgabenbelastung des Kreises (= Ausgangsmesszahl, § 11 GFG)
- Steuerkraft des Kreises (= Umlagekraftmesszahl, § 12 GFG)
= Schlüsselzuweisung (§ 10 I GFG)

Erreicht oder überschreitet die Umlagekraftmesszahl die Ausgangsmesszahl, d.h. ist der Unterschiedsbetrag ≤ 0, erhält der Kreis keine Schlüsselzuweisung (§ 10 II GFG).

Ermittlung der Ausgangsmesszahl:

Gesamtansatz x Grundbetrag nach § 28 I 2 GFG = Ausgangsmesszahl (§ 11 I GFG)

Gesamtansatz (§ 11 II GFG) = Hauptansatz (§ 11 III GFG)
                            + Schüleransatz (§ 11 IV GFG)

Die **Umlagekraftmesszahl** wird gemäß § 12 GFG ermittelt.

Die Schlüsselzuweisung für die **Landschaftsverbände (LV)** wird entsprechend §§ 5, 13 GFG wie folgt berechnet:

durchschnittliche Aufgabenbelastung des LV (= Ausgangsmesszahl, § 14 GFG)
- Steuerkraft des LV (= Umlagekraftmesszahl, § 15 GFG)
= Schlüsselzuweisung (§ 13 I GFG)

Erreicht oder überschreitet die Umlagekraftmesszahl die Ausgangsmesszahl, d.h. ist der Unterschiedsbetrag ≤ 0, erhält der Landschaftsverband keine Schlüsselzuweisung (§ 13 II GFG).

Ermittlung der Ausgangsmesszahl:

Einwohnerzahl nach § 27 III 1 x Grundbetrag nach § 28 I 2 GFG = Ausgangsmesszahl (§ 14 I GFG)

Die **Umlagekraftmesszahl** wird gemäß § 15 GFG ermittelt.

1.2.1 allgemeine Haushaltsgrundsätze

Kommunalabgaben
= Steuern, Gebühren und Beiträge (§ 1 I KAG)

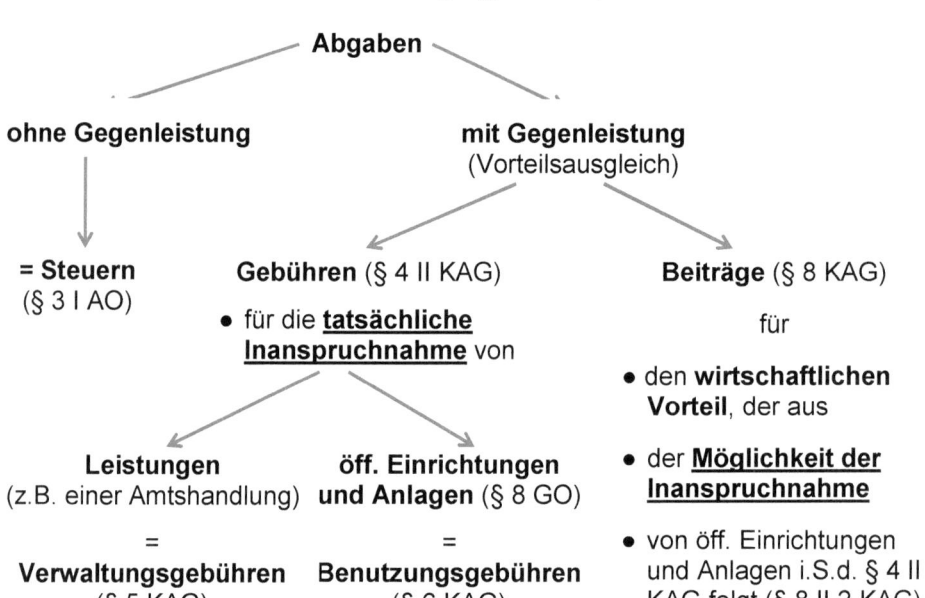

BEACHTE:
Beiträge sind Einzahlungen aus Investitionstätigkeit (§ 3 I Nr. 18 KomHVO). Für sie sind gemäß § 44 V 1 KomHVO Sonderposten (§ 42 IV Ziffer 2.2 KomHVO) zu bilden, die ab der Nutzung des mit den Beiträgen finanzierten Vermögensgegenstandes gemäß § 44 V 2 KomHVO ertragswirksam aufzulösen sind (Konto 433).

Steuern

Steuern sind Geldleistungen, die <u>nicht</u> eine Gegenleistung für eine besondere Leistung darstellen und von einem öffentlich-rechtlichen Gemeinwesen zur Erzielung von Einnahmen allen auferlegt werden, bei denen der Tatbestand zutrifft, an den das Gesetz die Leistungspflicht knüpft; die Erzielung von Einnahmen kann Nebenzweck sein (§ 3 I Abgabenordnung - AO).

Den Gemeinden stehen folgende Steuerarten zu:

Realsteuern = Grund- und Gewerbesteuer (Art. 106 VI GG, § 3 II AO)	**Anteile der Einkommens- und Umsatzsteuer** (Art. 106 V, Va GG)	**örtliche Verbrauchs- und Aufwandssteuern** (Art. 106 VI GG), z.B. Hunde-, Vergnügungs- oder Zweitwohnungssteuer

Grundsteuer

Steuergegenstand

Steuergegenstand ist der **Grundbesitz** (§ 2 GrStG).

Dabei wird zwischen **Grundsteuer A** (agrarisch - für Grundstücke/Betriebe der Land- und Forstwirtschaft) und **Grundsteuer B** (baulich - für bebaute oder bebaubare Grundstücke und Gebäude) unterschieden.

Von der Grundsteuer befreit ist der in §§ 3 - 8 GrStG genannte Grundbesitz.

Berechnung

1. **Einheitswert x Steuermesszahl = Steuermessbetrag (§ 13 I GrStG)**

   Der **Steuermessbetrag** wird durch das zuständige **Finanzamt** per Bescheid festgesetzt (Steuermessbescheid).

   Die Bewertung der Grundstücke erfolgt durch das Finanzamt auf der Grundlage des Bewertungsgesetzes (BewG). Das Ergebnis dieser Bewertung ist der Einheitswert.

   Die Steuermesszahl ergibt sich aus §§ 14 und 15 GrStG.

   BEACHTE:
   Erstreckt sich ein Grundstück bzw. ein land- oder forstwirtschaftlicher Betrieb über mehrere Gemeinden, ist der Steuermessbetrag gemäß §§ 22ff GrStG in die auf die einzelnen Gemeinden entfallenden Anteile zu zerlegen.

2. **Steuermessbetrag x Hebesatz = Grundsteuer**

   Der **Hebesatz** wird durch die **Gemeinde** bestimmt (§ 25 I GrStG).
   Die Festsetzung des Hebesatzes erfolgt in § 6 der Haushaltssatzung oder in einer besonderen Hebesatzsatzung (vgl. Anlage 1 VV Muster zur GO und KomHVO) und gilt für ein oder mehrere Kalenderjahre (§ 25 II GrStG).
   Eine Änderung des Hebesatzes rückwirkend zum 01.01. ist nur bis zum 30.06. eines Kalenderjahres durch Ratsbeschluss möglich (§ 25 III GrStG).
   Nach diesem Zeitpunkt kann der Beschluss über die Festsetzung des Hebesatzes gefasst werden, wenn der Hebesatz die Höhe der letzten Festsetzung nicht überschreitet (§ 25 III 2 GrStG).
   Die **Grundsteuer** wird gemäß § 27 GrStG durch die **Gemeinde** grds. per Bescheid gegenüber dem Steuerschuldner (§ 10 GrStG) festgesetzt.
   Die Fälligkeit der Steuerschuld ergibt sich aus § 28 GrStG.

Gewerbesteuer

Steuergegenstand

Steuergegenstand ist gemäß § 2 I GewStG der im Inland betriebene **Gewerbebetrieb** (= gewerbliches Unternehmen i.S.d. EinkommensteuerG) sowie der Reisegewerbebetrieb (§ 35a GewStG).

Von der Gewerbesteuer befreit sind die in § 3 GewStG genannten Betriebe.

Berechnung

Steuermessbetrag x **Hebesatz** (§ 16 I GewStG)
Festsetzung durch die Gemeinde
(§ 11 GewStG) (§ 6 der Haushaltssatzung oder
besondere Hebesatzsatzung)

Gewerbeertrag x Steuermesszahl
(§ 11 II, III GewStG)

Berechnungsschema:

Gewinn aus Gewerbebetrieb gemäß EStG bzw. KStG (§ 7 GewStG)
+ **Hinzurechnungen** (§ 8 GewStG)
− **Kürzungen** (§ 9 GewStG)

= **Gewerbeertrag vor Verlustabzug**
− **Gewerbeverlust aus Vorjahren** (§ 10a GewStG)

= **Gewerbeertrag** (gemäß § 11 I 3 GewStG abzurunden auf volle 100 €)
− **Freibetrag** von
  - 24.500 € bei natürlichen Personen und Personengesellschaften
    (§ 11 I Nr. 1 GewStG)
  - 5.000 € bei Unternehmen i.S.d. § 11 I Nr. 2 GewStG
    BEACHTE: Kapitalgesellschaften (AG, GmbH) erhalten keinen Freibetrag.

= **Gewerbeertrag × Steuermesszahl**
  (grds. gemäß § 11 II GewStG 3,5 % - Ausnahme: § 11 III GewStG)

= **Steuermessbetrag × Hebesatz** der Gemeinde

= **festzusetzende Gewerbesteuer**
− Gewerbesteuer-**Vorauszahlungen** (§ 20 I GewStG)
= **Abschlusszahlung** (§ 20 II GewStG)

Gewerbesteuer
- Fortsetzung -

Werden Betriebsstätten in mehreren Gemeinden unterhalten, ist der Steuermessbetrag gemäß §§ 28ff GewStG zu zerlegen.

Der **Hebesatz** wird durch die **Gemeinde** bestimmt (§ 16 I GewStG).
Die Festsetzung des Hebesatzes erfolgt in § 6 der Haushaltssatzung oder in einer besonderen Hebesatzsatzung (vgl. Anlage 1 VV Muster zur GO und KomHVO) und gilt für ein oder mehrere Kalenderjahre (§ 16 II GewStG).
Eine Änderung des Hebesatzes rückwirkend zum 01.01. ist nur bis zum 30.06. eines Kalenderjahres durch Ratsbeschluss möglich (§ 16 III GewStG).
Nach diesem Zeitpunkt kann der Beschluss über die Festsetzung des Hebesatzes gefasst werden, wenn der Hebesatz die Höhe der letzten Festsetzung nicht überschreitet (§ 16 III 2 GewStG).
Der Hebesatz muss für alle in der Gemeinde vorhandenen Unternehmen der gleichsein und beträgt mindestens 200% (§ 16 IV GewStG).

Die Festsetzung der Gewerbesteuer erfolgt durch die Gemeinde per Bescheid. Die Fälligkeit der Gewerbesteuerschuld (soweit nicht bereits durch Vorauszahlungen beglichen) ergibt sich aus § 20 II GewStG.

Gewerbesteuerumlage

Gemäß § 6 Gemeindefinanzreformgesetz (GFRG) führen die Gemeinden über das für sie zuständige Finanzamt eine Umlage an den Bund und das Land ab.

Die Umlage wird nach § 6 II GFRG wie folgt ermittelt:

$$\frac{\text{Ist-Aufkommen der Gewerbesteuer} \times \text{Vervielfältiger (§ 6 III GFRG)}}{\text{Hebesatz}}$$

Gebühren

Gebühren sind gemäß § 4 II KAG Geldleistungen, die **als Gegenleistung** erhoben werden für

eine **besondere Leistung der Verwaltung** (Amtshandlung oder sonstige Tätigkeit)	die **Inanspruchnahme öffentlicher Einrichtungen und Anlagen** (§ 8 GO)
= Verwaltungsgebühren, § 5 KAG	= Benutzungsgebühren, § 6 KAG

Ist nicht eindeutig, ob es sich um eine Verwaltungs- oder Benutzungsgebühr handelt, kann wie folgt abgegrenzt werden:
Steht die **persönliche Leistungserbringung** durch einen Mitarbeiter der Gemeinde im Vordergrund, ist von einer **Verwaltungsgebühr** auszugehen.
Steht hingegen die **Nutzung einer öffentlichen Einrichtung oder Anlage** im Vordergrund, handelt es sich um eine **Benutzungsgebühr**.

Verwaltungsgebühren, § 5 KAG

Verwaltungsgebühren dürfen gemäß § 5 I KAG nur erhoben werden, wenn die Leistung der Verwaltung von dem Beteiligten beantragt worden ist oder wenn sie ihn (ohne Antrag) unmittelbar begünstigt.

Rechtsgrundlagen

Abgaben dürfen gemäß § 2 I 1 KAG nur auf Grund einer Satzung (Gebührenordnung) erhoben werden.
Die Rechtsgrundlagen für die Erhebung von Verwaltungsgebühren unterscheiden sich je nach Aufgabe der Gemeinden:

Selbstverwaltungsaufgaben (vgl. § 1 II GebG NRW):	Pflichtaufgaben zur Erfüllung nach Weisung und Auftragsangelegenheiten:
Gebührensatzungen der Gemeinden (§ 2 I 1 KAG, § 7 GO)	Gebührengesetz NRW (GebG NRW) i.V.m. der Allgemeinen Verwaltungsgebührenordnung (AVerwGebO NRW)

Berechnung

Die Höhe des Gebührenaufkommens insgesamt soll die voraussichtlichen Aufwendungen für den entsprechenden Verwaltungsbereich gemäß § 5 IV KAG nicht übersteigen.
Im konkreten Einzelfall muss die Gebühr nach dem sog. **Äquivalenzprinzip** im Verhältnis zum Wert der Leistung der Verwaltung stehen. Sie kann nach der Höhe des tatsächlichen Aufwandes oder pauschal festgesetzt werden.

BEACHTE:
- Wird ein Antrag auf eine gebührenpflichtige Leistung abgelehnt oder vor ihrer Beendigung zurückgenommen, so sind 10 bis 75% der Gebühr zu erheben, die bei ihrer Vornahme zu erheben wäre (§ 5 II 1 KAG).
  Wird der Antrag lediglich wegen Unzuständigkeit abgelehnt, so ist keine Gebühr zu erheben (§ 5 II 2 KAG).
- Gebühren für Widerspruchsbescheide sind gemäß § 5 III KAG nur zulässig, wenn der angefochtene Verwaltungsakt selbst gebührenpflichtig ist und soweit der Widerspruch zurückgewiesen wird (BEACHTE § 110 JustG NRW). Die Gebühr beträgt höchstens die Hälfte der für den angefochtenen Verwaltungsakt festzusetzenden Gebühr.
- Mündliche Auskünfte sind gebührenfrei (§ 5 V KAG).
  Weitere Fälle der Gebührenbefreiung sind in § 5 VI KAG geregelt.
- Gemäß § 5 VII KAG können zusätzlich Auslagen erhoben werden.

Benutzungsgebühren, § 6 KAG

Benutzungsgebühren sind gemäß § 6 I 1 KAG zu erheben (Gebührenzwang), wenn eine Einrichtung oder Anlage überwiegend dem Vorteil einzelner Personen oder Personengruppen dient, sofern nicht ein privatrechtliches Entgelt gefordert wird.

Soweit kein Gebührenzwang besteht, steht die Erhebung von Benutzungsgebühren im Ermessen der Gemeinden (§ 6 I 2 KAG).

Kostendeckungsgebot

Das veranschlagte Gebührenaufkommen soll die voraussichtlichen Kosten der Einrichtung oder Anlage decken (§ 6 I 3 KAG).

nur

und

Kostenüberschreitungsverbot

Das veranschlagte Gebührenaufkommen soll die voraussichtlichen Kosten der Einrichtung oder Anlage nicht übersteigen (§ 6 I 3 KAG), d.h. die Gemeinden dürfen durch die Gebührenerhebung keinen Gewinn erzielen.

ansatzfähige Kosten

Kosten im Sinne des § 6 I KAG sind die nach betriebswirtschaftlichen Grundsätzen ansatzfähigen Kosten (§ 6 II 1 KAG). Zu den Kosten gehören nach § 6 II 4 KAG auch Entgelte für in Anspruch genommene Fremdleistungen, Abschreibungen sowie eine angemessene Verzinsung des aufgewandten Kapitals. Die ansatzfähigen Kosten lassen sich grob wie folgt unterteilen:

Betriebskosten
= alle betriebsbedingten Aufwendungen (betriebs-, Roh- und Hilfsstoffe, Personalkosten, Kosten für die laufende Instandhaltung)

kalkulatorische Kosten
- Abschreibungen
- Verzinsung des Anlagekapitals

Die Berücksichtigung der **Abschreibungen** stellt sicher, dass die Kosten für die Refinanzierung der Einrichtung/Anlage in die Kalkulation einfließen.
Die **Verzinsung** berücksichtigt, dass die Gemeinde das für die Einrichtung/Anlage aufgewendete Kapital nicht anderweitig einsetzen kann.

Benutzungsgebühren
- Fortsetzung -

Gebührenmaßstab
(= Verteilung der ansatzfähigen Kosten auf den konkreten Einzelfall)

Die Gebühr ist gemäß § 6 III 1 KAG nach der (tatsächlichen) Inanspruchnahme der Einrichtung oder Anlage zu bemessen (**Wirklichkeitsmaßstab**).

Wenn das besonders schwierig oder wirtschaftlich nicht vertretbar ist, kann ein **Wahrscheinlichkeitsmaßstab** gewählt werden, der nicht in einem offensichtlichen Missverhältnis zu der Inanspruchnahme stehen darf (§ 6 III 2 KAG).

Neben der nach dem Wirklichkeits- oder Wahrscheinlichkeitsmaßstab ermittelten Gebühr ist gemäß § 6 III 3 KAG die Erhebung einer Grund- sowie Mindestgebühr zulässig.

Auf die Gebühren können vom Beginn des Erhebungszeitraumes an angemessene Vorausleistungen verlangt werden (§ 6 IV KAG).

Beiträge, § 8 KAG

Beiträge sind Geldleistungen, die dem Ersatz des Aufwandes für die Herstellung, Anschaffung und Erweiterung öffentlicher Einrichtungen und Anlagen i.S.d. § 4 II KAG, bei Straßen, Wegen und Plätzen auch für deren Verbesserung, jedoch ohne die laufende Unterhaltung und Instandsetzung, dienen.

§ 8 KAG unterscheidet folgende Beitragstypen:

(Kanal)**Anschlussbeiträge**	(Straßen)**Ausbaubeiträge**
für die Herstellung, Anschaffung und Erweiterung **leitungsgebundener** Einrichtungen und Anlagen (§ 8 IV 3 KAG)	für die Erweiterung, Verbesserung und Erneuerung (nach erstmaliger Herstellung - s.u.) **nichtleitungsgebundener** Einrichtungen und Anlagen (§ 8 I 2 KAG)
Anschlussbeiträge **können** erhoben werden (§ 8 I 1 KAG - freiwillige Beiträge)	Ausbaubeiträge **sollen** erhoben werden (§ 8 I 2 KAG)
Für die laufenden Kosten der Einrichtung oder Anlage werden Benutzungsgebühren erhoben.	Für die **erstmalige Herstellung** (§ 128 I Nr. 2, II BauGB) dieser Anlagen sind **Erschließungsbeiträge** (§§ 127ff BauGB) zu erheben (Pflichtbeiträge).

BEACHTE:
Der Beitragstatbestand ist nicht allein durch die Herstellung, Anschaffung, Erweiterung oder Verbesserung der Einrichtung oder Anlage erfüllt.
Hinzukommen muss, dass durch eine dieser Maßnahmen ein durch die **Möglichkeit der Inanspruchnahme** erzeugter **wirtschaftlicher Vorteil** für die Grundstückseigentümer entsteht.
Wenn die Einrichtung oder Anlage erfahrungsgemäß auch von der Allgemeinheit oder von der Gemeinde selbst in Anspruch genommen wird, bleibt bei der Ermittlung des Aufwandes ein dem wirtschaftlichen Vorteil der Allgemeinheit oder der Gemeinde entsprechender Betrag außer Ansatz (§ 8 IV 4 KAG).

Beiträge
- Fortsetzung -

beitragsfähiger Aufwand

Der beitragsfähige Aufwand für die Einrichtung oder Anlage ist der **Investitionsaufwand**.

Der Aufwand umfasst auch den Wert, den die von der Gemeinde für die Einrichtung oder Anlage bereitgestellten eigenen Grundstücke bei Beginn der Maßnahme haben (§ 8 IV 1 KAG).

Bei leitungsgebundenen Einrichtungen und Anlagen, die der Versorgung oder der Abwasserbeseitigung dienen, kann der durchschnittliche Aufwand für die gesamte Einrichtung oder Anlage veranschlagt und zugrunde gelegt werden (§ 8 IV 3 KAG).

Ermittlung des beitragsfähigen Aufwands:

Investitionsaufwand
+ Wert des von der Gemeinde bereitgestellten Grundstücks (§ 8 IV 1 KAG)
- Zuwendungen Dritter (§ 8 IV 4 2. Halbsatz KAG)
- Gemeindeanteil (§ 8 IV 4 1. Halbsatz KAG)

= **umlagefähiger Aufwand**

Beitragsmaßstab
(= Verteilung des umlagefähigen Aufwands auf den konkreten Einzelfall)

Die Beiträge sind nach den Vorteilen zu bemessen (§ 8 VI 1 KAG) und auf die Grundstückseigentümer zu verteilen. Dabei können Gruppen von Beitragspflichtigen mit annähernd gleichen Vorteilen zusammengefasst werden (§ 8 VI 2 KAG). Da es an einer konkreteren gesetzlichen Regelung fehlt, ist es Aufgabe der Gemeinde, eine gerechte Verteilungsregelung zu finden. Dabei sind folgende Beitragsmaßstäbe denkbar:

- Nutzungsart eines Grundstücks (Privat-, Gewerbegrundstück)
- Maß der Grundstücksnutzung (z.B. eingeschossige oder mehrgeschossige Bebauung)
- Frontmeter eines Grundstücks
- Grundstücksfläche

Kombinationen aus Art und Maß der Nutzung sind möglich.

Als Rechtsgrundlage für die Beitragserhebung ist eine Satzung erforderlich (§ 2 I KAG).

Beiträge
- Fortsetzung -

Das veranschlagte Beitragsaufkommen darf nicht höher sein als der beitragsfähige Aufwand (§ 8 IV 5 KAG), d.h. die Gemeinden dürfen mit den veranschlagten Beiträgen keinen Gewinn erzielen.

Bei den Ausbaubeiträgen soll der beitragsfähige Aufwand durch die veranschlagten Beiträge gedeckt werden (§ 8 IV 5 KAG).

sonstige Beiträge

Neben den Beiträgen nach § 8 KAG können die Gemeinden als weitere Beiträge erheben:

Erschließungsbeiträge, § 127 I BauGB

für die **erstmalige Herstellung** (§ 128 I Nr. 2, II BauGB) von Erschließungsanlagen (§ 127 II BauGB).

Wegebeiträge, § 9 KAG

Kostenersatz für Haus- und Grundstücksanschlüsse, § 10 KAG

1.2.1 allgemeine Haushaltsgrundsätze

Jährlichkeit, Vorherigkeit und zeitliche Bindung

Jährlichkeit, § 78 IV GO

Grundsatz: Haushaltsjahr = Kalenderjahr

Ausnahmen:
- für einzelne Bereiche durch Gesetz oder Rechtsverordnung möglich (abweichendes Wirtschaftsjahr, z.B. § 12 EigVO).
- Übertragung von Aufwendungs- und Auszahlungsermächtigungen des Vorjahres (§ 22 KomHVO)
- Weitergeltung von Verpflichtungsermächtigungen (§ 85 II GO)

Vorherigkeit, § 78 III 1 GO

„Die Haushaltssatzung tritt mit Beginn des Haushaltsjahres in Kraft (…)."

Da Haushaltsjahr = Kalenderjahr, tritt die Haushaltssatzung zum 1.1. in Kraft.

Folge: Grundsätzlich muss noch im alten Haushaltsjahr die Planungsphase abgeschlossen und die neue Haushaltssatzung verabschiedet werden (sie tritt gemäß § 7 IV 2 GO grds. mit dem Tage nach der Bekanntmachung in Kraft - vgl. auch die zeitliche Vorgabe in § 80 V 2 GO).

Ist die Haushaltssatzung bei Beginn des Haushaltsjahres noch nicht bekannt gemacht, greifen die in **§ 82 GO** geregelten Grundsätze der **vorläufigen Haushaltsführung**.

BEACHTE:
Wird die Haushaltssatzung erst im laufenden Haushaltsjahr bekannt gemacht, tritt sie entsprechend § 78 III GO rückwirkend zum Jahresbeginn in Kraft.

zeitliche Bindung, § 78 III 1 GO

„Die Haushaltssatzung (…) gilt für das Haushaltsjahr."

Die Haushaltssatzung gilt demnach grds. für ein Kalenderjahr (vgl. § 78 IV).

Ausnahme: Die Haushaltssatzung kann Festsetzungen für zwei Haushaltsjahre enthalten (§ 78 III 2 GO). Die Festsetzungen sind jedoch auch in diesem Fall aus finanzstatistischen Gründen für jedes Haushaltsjahr getrennt vorzunehmen (vgl. § 9 KomHVO).

vorläufige Haushaltsführung, § 82 GO

Die vorläufige Haushaltsführung tritt ein, wenn die Haushaltssatzung bei Beginn des Haushaltsjahres (= Kalenderjahr, § 78 IV GO) noch nicht bekannt gemacht ist (§ 82 I 1 GO). Wegen der fehlenden Haushaltssatzung gibt es keinen Haushaltsplan und damit auch keine Grundlage für die Haushaltswirtschaft (vgl. § 79 III GO). Der Gemeinde fehlt es an einer wirksamen Ermächtigung zur Führung des Haushalts. Um zu verhindern, dass die Gemeinde finanziell handlungsunfähig wird, ermächtigt § 82 GO die Gemeinde zu folgenden Maßnahmen:

Aufwendungen und Auszahlungen
dürfen während der haushaltslosen Zeit gemäß **§ 82 I Nr. 1 GO** erfolgen

bei **rechtlicher Verpflichtung**	wenn sie zur **Weiterführung notwendiger Aufgaben unaufschiebbar sind**
eine solche kann sich aus • Gesetz oder • Vertrag ergeben.	insbesondere bei **Fortsetzung von Investitionen**, für die im Haushaltsplan des Vorjahres Positionen oder Verpflichtungsermächtigungen vorgesehen waren ((-) bei überplanmäßigen und außerplanmäßigen Aufwendungen und Auszahlungen (§ 83 GO) sowie überplanmäßigen und außerplanmäßigen Verpflichtungsermächtigungen (§ 85 I 2 GO) des Vorjahres). BEACHTE: Verpflichtungsermächtigungen können in der haushaltslosen Zeit analog § 82 I Nr. 1 GO eingegangen werden.

BEACHTE:
Vorrangig ist zu prüfen, ob für Aufwendungen und Auszahlungen noch aus dem Vorjahr übertragene Aufwendungs- und Auszahlungsermächtigungen (§ 22 KomHVO) oder weitergeltende Verpflichtungsermächtigungen (§ 85 II GO) in Anspruch genommen werden können.

vorläufige Haushaltsführung, § 82 GO
- Fortsetzung -

Finanzmittel
dürfen während der haushaltslosen Zeit in folgenden Fällen beschafft werden:

§ 82 GO		§ 86 II GO	Ermächtigung durch Haushaltssatzung nicht erforderlich, soweit die Finanzmittelbeschaffung auf einer privatrechtlichen (Vertrag) oder öff.-rechtlichen (Vertrag oder Gesetz/ Satzung) Grundlage beruht (Bsp.: Mieten, alle Abgabenarten bis auf die Realsteuern).
§ 82 I Nr. 2 GO **Realsteuern** (Grund- und Gewerbesteuern, § 3 I AO) **nach den Sätzen des Vorjahres** (Hebesatz gemäß § 6 der Haushaltssatzung des Vorjahres) **Ausn.:** Erhöhung der Hebesätze durch eine spezielle Hebesatzung.	**Kredite**	nicht ausgeschöpfte Kreditermächtigung der maximal letzten 2 Jahre	

§ 82 I Nr. 3 GO	§ 82 II GO	§ 82 III Nr. 2 GO
Umschuldung Von Krediten	Kreditaufnahme bis zu ¼ der Kreditermächtigung des Vorjahres Voraussetzung: • Fortsetzung von Investitionen • Genehmigung durch die Aufsichtsbehörde	Ausnahmetatbestand für besondere Härtefälle, der zu einer Erhöhung des durch § 82 II GO festgelegten Kreditrahmens führt.

Öffentlichkeit
= Beteiligung der Öffentlichkeit an der kommunalen Finanzwirtschaft durch Information über

PLANUNGSPHASE

den Entwurf der Haushaltssatzung
durch
Bekanntmachung

und

Verfügbarhaltung zur Einsichtnahme
während der Dauer des Beratungsverfahrens im Rat
(§ 80 III 1 GO)

BEACHTE:
Auf die Bekanntmachung nach § 80 III 1 GO finden die Vorschriften der BekanntmachungsVO entsprechende Anwendung, da sie eine sonstige öffentliche Bekanntmachung i.S.d. § 52 III GO ist.

die vom Rat beschlossene Haushaltssatzung
durch
öffentliche Bekanntmachung
(§ 80 V 3 GO)

AUSFÜHRUNGSPHASE

die aktuelle Haushaltssatzung
durch
Verfügbarhaltung zur Einsichtnahme
(§ 80 VI GO)

die Haushaltsführung
durch
Teilnahme an den öffentlichen Ratssitzungen
(§ 48 II GO)

JAHRESABSCHLUSS

den vom Rat festgestellten Jahresabschluss
durch
öffentliche Bekanntmachung

und

Verfügbarhaltung zur Einsichtnahme
bis zur Feststellung des folgenden Jahresabschlusses
(§ 96 II GO)

Veranschlagungsgrundsätze

Vollständigkeit
§§ 79 I 1 GO, 11 I KomHVO

Einheit
§§ 79 I 1 GO, 11 I KomHVO

Periodenabgrenzung
(= Zuordnung zu einem Haushaltsjahr = Kalenderjahr, § 78 I, IV GO)

Erträge/Aufwendungen
= jahresbezogene Periodisierung
(Veranschlagung)
§§ 79 I GO, 11 I KomHVO

Einzahlungen/Auszahlungen
Kassenwirksamkeitsprinzip
§§ 79 I GO, 11 I KomHVO

Haushaltswahrheit und Haushaltsklarheit
§ 11 II, III KomHVO

Bruttoprinzip
§ 11 I KomHVO

Einzelveranschlagung
§§ 2 - 4 KomHVO

Vollständigkeit, §§ 79 I 1 GO, 11 I KomHVO

Grundsatz:

Der Haushaltsplan enthält **alle** voraussichtlich

- anfallenden Erträge und eingehenden Einzahlungen,
- entstehenden Aufwendungen und zu leistenden Auszahlungen,
- notwendigen Verpflichtungsermächtigungen.

Ausnahme:

fremde Finanzmittel, § 15 KomHVO

= Zahlungen, die von der Kommune aufgrund gesetzlicher Vorgaben oder freiwilliger Vereinbarungen für Dritte abgewickelt werden.

durchlaufende Finanzmittel

§ 15 I Nr. 1 KomHVO

= Gelder, die für einen Dritten lediglich vereinnahmt und verausgabt werden.

Bsp.:
- Abführung der Lohnsteuer der Gemeindebediensteten an das Finanzamt.
- Weiterleitung der Arbeitnehmeranteile zur Sozialversicherung.

fremde Finanzmittel

§ 15 I Nr. 2 KomHVO

§ 15 I Nr. 3 KomHVO

Bsp.:
- BaföG
- Wohngeld

Vollständigkeit
Herstellungskosten, § 34 III KomHVO

Zu den Aufwendungen, die der Haushaltsplan nach dem Grundsatz der Vollständigkeit ausweisen muss, gehören auch die sog. Herstellungskosten. Die Kosten für selbst hergestellte Vermögensgegenstände entsprechen den aktivierten Eigenleistungen (§ 2 I Nr. 8 KomHVO).

1. **„Herstellung"** i.S.d. § 34 III KomHVO = die
    a) eigentliche **Herstellung** eines Vermögensgegenstandes
    b) **Erweiterung** eines Vermögensgegenstandes
    c) über den ursprünglichen Zustand hinausgehende **wesentliche Verbesserung**

    BEACHTE:
    Die Herstellung ist abgeschlossen, wenn der Vermögensgegenstand betriebsbereit ist.

2. Herstellungs**kosten** = alle Aufwendungen, die
    a) durch den **Verbrauch von Gütern** und
    b) die **Inanspruchnahme von Diensten**
    für die Herstellung eines Vermögensgegenstandes entstehen.

    Dazu gehören gemäß § 34 III 2 KomHVO **verpflichtend** die

        Material(einzel)kosten
    + Fertigungs(einzel)kosten
    + <u>Sonder(einzel)kosten der Fertigung</u>
    = Mindestkosten der Herstellung

    Ferner **können** einbezogen werden die

    + Materialgemeinkosten
    + <u>Fertigungsgemeinkosten</u>
    = Höchstkosten der Herstellung

    Begriffsbestimmungen:
    - **Einzelkosten** = Kosten, die dem herzustellenden Vermögensgegenstand direkt zugeordnet werden können.
    - **Gemeinkosten** = Kosten, die dem herzustellenden Vermögensgegenstand nicht direkt zugeordnet werden können; die Zuordnung erfolgt mittels eines sog. Gemeinkostenschlüssels.
    - **Sonderkosten der Fertigung** = Kosten, die nur ausnahmsweise bei der Fertigung anfallen.

    BEACHTE:
    - Die Verwaltungsgemeinkosten gehören nicht zu den ansetzbaren Herstellungskosten.
    - Für selbst hergestellte <u>immaterielle</u> Vermögensgegenstände des Anlagevermögens (z.B. Software) dürfen keine Wertansätze in der Bilanz (= Aktivierung) gebildet werden (§ 44 I KomHVO); sie gehören damit auch nicht zu den Herstellungskosten i.S.d § 34 III KomHVO.

Vollständigkeit
interne Leistungsbeziehungen, § 16 KomHVO

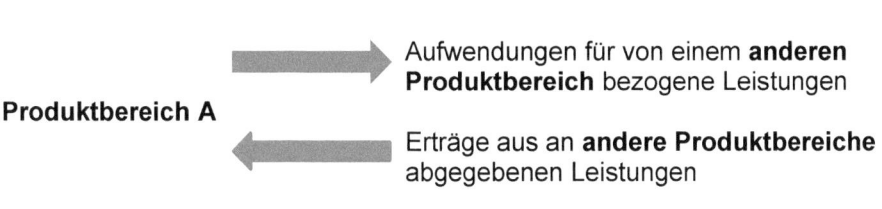

BEACHTE:

- § 16 KomHVO verpflichtet die Kommunen nicht, die internen Leistungsbeziehungen im Haushalt zu erfassen. Werden sie nicht erfasst, stellt dies keinen Verstoß gegen den Veranschlagungsgrundsatz der Vollständigkeit dar.

- Werden sie erfasst, müssen sie sich jedoch gemäß § 16 KomHVO im Ergebnisplan und in der Ergebnisrechnung insgesamt ausgleichen; da sie damit das Gesamtergebnis nicht beeinflussen, sind sie im (Gesamt)Ergebnisplan bzw. in der (Gesamt)Ergebnisrechnung nicht gesondert auszuweisen. Ihre Erfassung erfolgt demnach nur - zusammengefasst zu einer Position - im Teilergebnisplan sowie in der Teilergebnisrechnung (jeweils in Zeilen 27 und 28).

- Eine Erfassung im Finanzplan bzw. in der Finanzrechnung erfolgt nicht, weil sich interne Ein- und Auszahlungen nicht auf die liquiden Mittel auswirken.

1.2.2 Veranschlagungsgrundsätze

Einheit, §§ 79 I 1 GO, 11 I KomHVO

Grundsatz:
Der Haushaltsplan enthält (…) = es gibt nur einen Haushaltsplan

Ausnahme:
Einrichtungen, für die besondere Haushaltspläne eingerichtet oder Sonderrechnungen geführt werden dürfen.
Im Einzelnen:

Eigenbetriebe, § 97 I Nr. 3 GO
= wirtschaftliche Unternehmen der Gemeinde ohne Rechtspersönlichkeit
(§§ 114 I GO, 1 EigVO)
Eigenbetriebe haben gem. § 14 I 1 EigVO einen **Wirtschaftsplan** aufzustellen.
BEACHTE:
Gemäß § 107 II 2 GO können auch Einrichtungen, die sich nicht wirtschaftlich betätigen, als sog. eigenbetriebsähnliche Einrichtungen entsprechend den Vorschriften über Eigenbetriebe geführt werden.

rechtlich unselbständige Versorgungs- und Versicherungseinrichtungen,
§ 97 I Nr. 4 i.V.m. IV GO
Bsp.: Eigene Zusatzversorgungskassen (in der Praxis kaum noch von Bedeutung)

rechtlich selbständige örtliche Stiftungen sowie **Treuhandvermögen**,
§ 98 I GO
BEACHTE:
Unbedeutendes Treuhandvermögen kann im Haushalt der Gemeinde gesondert nachgewiesen werden (§ 98 II GO).

rechtsfähige Anstalten des öffentlichen Rechts, § 114a GO

Eigengesellschaften aufgrund von Sondergesetzen
(z.B. GmbH-Gesetz, AG)

Periodenabgrenzung

= Zuordnung der Erträge/Aufwendungen bzw. Einzahlungen/Auszahlungen zu einem Haushaltsjahr (= Kalenderjahr, § 78 IV GO)

Erträge/Aufwendungen

Erträge und Aufwendungen sind in ihrer voraussichtlichen Höhe in dem Haushaltsjahr zu veranschlagen, dem sie **wirtschaftlich zuzurechnen** sind (§ 11 I KomHVO).

Einzahlungen/Auszahlungen

Einzahlungen/Auszahlungen sind in Höhe der voraussichtlich im Haushaltsjahr eingehenden oder zu leistenden Beträge zu veranschlagen (§ 11 I KomHVO).

= **Kassenwirksamkeitsprinzip**

Problem:

Der Ertrag/Aufwand ist wirtschaftlich ganz oder zum Teil erst dem folgenden Haushaltsjahr zuzurechnen; die dazugehörige Einzahlung/Auszahlung erfolgt jedoch bereits im laufenden Haushaltsjahr.

Lösung:

Die haushaltsjahrbezogene Aufteilung des Ertrags/Aufwands erfolgt in der Bilanz durch **Rechnungsabgrenzungsposten** (§§ 42 III Nr. 3 i.V.m. 43 I KomHVO sowie §§ 42 IV Nr. 5 i.V.m. § 43 III KomHVO)

Rechnungsabgrenzung:

laufendes Haushaltsjahr	Folgejahr	
Ausgabe (= Auszahlung oder Verbindlichkeit)	Aufwand	**aktive** Rechnungsabgrenzungsposten
Einnahme (= Einzahlungen oder Forderung)	Ertrag	**passive** Rechnungsabgrenzungsposten

Periodenabgrenzung
- Fortsetzung –

Die Abgrenzung zwischen dem laufenden Haushaltsjahr und dem Folgejahr wird in der Ausführungsphase wie folgt vorgenommen:

laufendes Haushaltsjahr	Folgejahr	**Abgrenzung** durch Bildung
Aufwand	Auszahlung	einer sonstigen Verbindlichkeit - Konto 376 oder einer Rückstellung (unter den Voraussetzungen des § 37 KomHVO)
Ertrag	Einzahlung	einer sonstigen Forderung - Konto 177
Ausgabe (Auszahlung oder Verbindlichkeit)	Aufwand	eines aktiven Rechnungsabgrenzungspostens (§ 43 I KomHVO) - Kontengruppe 19
Einnahme (Einzahlung oder Forderung)	Ertrag	eines passiven Rechnungsabgrenzungspostens (§ 43 III KomHVO) - Kontengruppe 39

1.2.2 Veranschlagungsgrundsätze

Haushaltswahrheit und Haushaltsklarheit

Haushaltswahrheit

= Erträge und Aufwendungen, Einzahlungen und Auszahlungen sowie Verpflichtungsermächtigungen sind **sorgfältig zu ermitteln**, d.h. soweit möglich

- zu **berechnen**.

Ist dies nicht möglich, sind sie

- sorgfältig zu **schätzen** (§ 11 I KomHVO).

Haushaltsklarheit

Übersichtlichkeit

des Haushaltsplans durch seine **produktorientierte Gliederung**.

Verständlichkeit

des Haushaltsplans durch zusätzliche **Erläuterungen** in Form

des **Vorberichts** § 7 KomHVO

von **Zielen und Kennzahlen** (vgl. das NKF – Kennzahlenset)

1.2.2 Veranschlagungsgrundsätze

Bruttoprinzip, § 11 II KomHVO

Erträge und Aufwendungen sowie Einzahlungen und Auszahlungen sind
- bezogen auf das Haushaltsjahr -
in voller Höhe und getrennt voneinander zu veranschlagen.
Folge: Eine **Aufrechnung** (Saldierung) **ist unzulässig.**
BEACHTE:
- Das Saldierungsverbot gilt nicht nur in der Planung, sondern auch in der Ergebnis- und Finanzrechnung (vgl. §§ 39 I 2, 40 Satz 2 KomHVO).
- Preisnachlässe oder Skonti bewirken eine Minderung des Kaufpreises. Dieser geminderte Kaufpreis ist dann „in voller Höhe" zu veranschlagen.

Ausnahmen:

Ausnahmen vom Bruttoprinzip sind im Rahmen der KomHVO grds. zulässig (vgl. den Wortlaut des § 11 II KomHVO „(...), soweit in dieser Verordnung nichts anderes bestimmt ist."

Konkret enthält die KomHVO in **§ 24 IV** eine Ausnahme vom Bruttoprinzip für Abgaben, abgabeähnliche Erträge und allgemeine Zuweisungen, die die Kommune zurückzuzahlen hat. Diese Rückzahlungen müssten bei Beachtung des Bruttoprinzips als Aufwand veranschlagt werden. Aus Gründen der Verwaltungsvereinfachung dürfen sie gemäß § 24 IV KomHVO jedoch ausnahmsweise direkt von den Erträgen abgesetzt werden.

BEACHTE:
- Diese Ausnahme vom Bruttoprinzip gilt nicht nur für Rückzahlungen von Erträgen aus dem laufenden Haushaltsjahr; sondern gemäß § 24 IV KomHVO ausdrücklich auch für Rückzahlungen, die sich auf Erträge der Vorjahre beziehen.
- Seinem Wortlaut nach erlaubt § 24 IV KomHVO nur einen Abzug von den Erträgen. Ein Abzug der mit den Rückzahlungen verbundenen Auszahlungen von den Einzahlungen ist nicht vorgesehen, dürfte jedoch analog § 24 IV KomHVO ebenfalls zulässig sein.

Veranschlagung der **Umsatzsteuer**

Ist eine Tätigkeit der Gemeinde ausnahmsweise umsatzsteuerpflichtig, muss die Umsatzsteuer/Vorsteuer getrennt ausgewiesen werden. Dies führt dazu, dass die entsprechenden Erträge bzw. Aufwendungen aus der umsatzsteuerpflichtigen Tätigkeit netto veranschlagt werden.

Einzelveranschlagung, §§ 2 - 4 KomHVO

Erträge und Einzahlungen	**Aufwendungen und Auszahlungen**
sind nach ihrem **Entstehungsgrund** zu veranschlagen.	sind nach ihrem **Verwendungszweck** zu veranschlagen.

- Der Grundsatz der Einzelveranschlagung ist beschränkt auf die in den §§ 2 bis 4 KomHVO vorgeschriebenen Mindestpositionen. Diese stellen aus Gründen der Übersichtlichkeit eine Zusammenfassung verschiedener Ertrags- und Aufwandsarten bzw. Einzahlungs- und Auszahlungsarten dar (= zusammengefasste Haushaltspositionen).
- Einzeln aufzuführen sind gemäß § 4 IV 3 KomHVO Investitionen oberhalb der vom Vertretungsorgan festgesetzten Wertgrenze (Einzelmaßnahmen).

Ausnahmen:

- **geringfügige Investitionen**
  Investitionen oberhalb der festgesetzten Wertgrenze sind gemäß § 4 IV 3 KomHVO im Teilfinanzplan einzeln zu veranschlagen.
  Investitionen unterhalb der Wertgrenze (= geringfügige Investitionen) sind dagegen nicht einzeln, sondern als Sammelposition zu veranschlagen (vgl. Anlage 10 B unten).

- **Verfügungsmittel** des Bürgermeisters (§ 14 KomHVO)
  = Aufwendungen und Auszahlungen des Bürgermeisters für **dienstliche Zwecke**, für die sonst **keine zweckbestimmten Haushaltspositionen** zur Verfügung stehen.
  Sie sind als Sammelposition bei den sonstigen ordentlichen Aufwendungen (Konto 548) bzw. sonstigen Auszahlungen aus laufender Verwaltungstätigkeit (Konto 748) zu veranschlagen.

sachliche Bindung
von Erträgen und Einzahlungen, Aufwendungen und Auszahlungen sowie Verpflichtungsermächtigungen an einzelne Haushaltspositionen

Der Grundsatz der sachlichen Bindung wird abgeleitet aus

a) der Verbindlichkeit des Haushaltsplanes (§ 79 III 2 GO)

b) dem Grundsatz der Einzelveranschlagung

Aus der Kombination der beiden Ansätze folgt, dass für die Haushaltsführung die **im Haushaltsplan ausgewiesenen Einzelpositionen als Einzelermächtigungen verbindlich** sind. Dies sind als tiefste Untergliederung die einzelnen Zeilen eines Teilplans (z.B. die Zeile privatrechtliche Leistungsentgelte im Teilplan Theater). Konkret bedeutet dies:

a) Erträge/Einzahlungen
sind bei der Haushaltsposition zu veranschlagen, die der Haushaltsplan vorsieht.

BEACHTE:
Die Ansätze im Haushaltsplan für Erträge und Einzahlungen entfalten keine absolute Bindungswirkung, d.h. sie dürfen sowohl über- als auch unterschritten werden.

b) Aufwendungen/Auszahlungen, Verpflichtungsermächtigungen
sind bei den im Haushaltsplan vorgesehenen Positionen zu leisten/ einzugehen (für VE vgl. § 85 I 1 GO).

BEACHTE:
Die Ansätze für Aufwendungen, Auszahlungen und Verpflichtungsermächtigungen dürfen unterschritten oder überhaupt nicht in Anspruch genommen werden.
Grundsätzlich unzulässig sind dagegen Überschreitungen der Ansätze.
Ausnahme: Instrumentarien der flexiblen Haushaltsführung:

    1. unechte Deckungsfähigkeit (§ 21 II KomHVO)
    2. echte Deckungsfähigkeit (§ 21 I KomHVO)
    3. Pflichtnachtragssatzung (§ 81 II GO)
    3. überplanmäßige Aufwendungen, Auszahlungen und Verpflichtungsermächtigungen (§§ 83, 85 I 2 GO)
    4. freiwillige Nachtragssatzung (§ 81 GO)

1.2.3 Deckungsgrundsätze

Deckungsgrundsätze

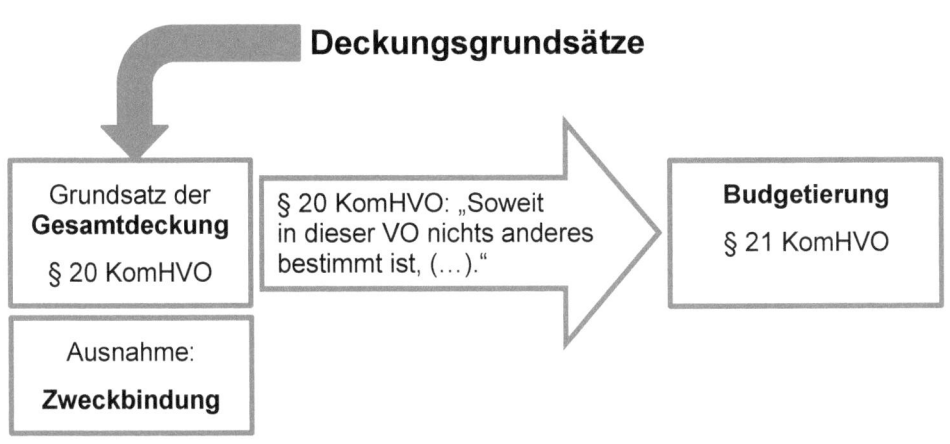

Grundsatz der Gesamtdeckung, § 20 KomHVO

§ 20 Nr. 1	Erträge	dienen insgesamt zur Deckung der	**Aufwendungen** des Ergebnisplanes
§ 20 Nr. 2	Einzahlungen	dienen insgesamt zur Deckung der	**Auszahlungen** des Finanzplanes

Budgetierung, § 21 KomHVO

= Übertragung von Ressourcen auf Fachbereiche oder Ämter zur eigenverantwortlichen Bewirtschaftung.

In den Budgets sind gemäß § 21 I 2 KomHVO nicht mehr die einzelnen Haushaltspositionen, sondern nur noch die **Summe der Erträge** und die **Summe der Aufwendungen** für die Haushaltsführung **verbindlich**.
Gemäß § 21 I 3 KomHVO gilt dies auch für Einzahlungen und Auszahlungen für Investitionen.

Damit ist der für die Bewirtschaftung des Budgets verantwortliche Bereich in der Lage, innerhalb des Budgets Mittel zu verschieben, solange sich dadurch nicht die Gesamtsumme der Erträge bzw. Aufwendungen ändert.
So können z.B. eingesparte Aufwendungen für Mehraufwendungen bei anderen Positionen verwendet werden (Fall der sog. echten Deckungsfähigkeit).

Möglichkeiten der Budgetierung:

produktbezogene Budgetierung	Budgetierung nach Verantwortungsbereichen (Zuständigkeiten)	Budgetierung einzelner Ertrags-/ Aufwandsarten
auf der Grundlage einzelner Produkte, Produktgruppen oder Produktbereichen (vgl. Anlage 6)		- unabhängig von Produkt- und Verantwortungsbereichen - Bsp: Budgetierung der Personalaufwendungen.

Zweckbindung

auf Grund einer **rechtlichen Verpflichtung**	auf Grund einer **freiwilligen Entscheidung**
• gesetzlich nicht geregelt **aber:** Einen Hinweis auf die Zweckbindung auf Grund einer rechtlichen Verpflichtung enthält § 22 III KomHVO. Diese Vorschrift ermächtigt selbst jedoch nicht zu Zweckbindungen, sondern setzt diese lediglich voraus. **Beispiel:** zweckgebundene Zuweisungen • Da die Zweckbindung die Verwendbarkeit der Haushaltsposition einschränkt, ist es sinnvoll, einen entsprechenden Zweckbindungsvermerk (vgl. § 4 V KomHVO) anzubringen. BEACHTE: Die rechtliche Verpflichtung kann sich aus Gesetzen, Verwaltungsakten oder Verträgen ergeben.	• gesetzlich nicht geregelt

Inhalt der Haushaltssatzung

Pflichtinhalt, § 78 II 1 GO
Die Haushaltssatzung enthält die Festsetzung

Nr. 1 a) und b) des Haushaltsplans

= § 1 der Haushaltssatzung[1]

Folge: Der Haushaltsplan ist nur Bestandteil der Haushaltssatzung und damit **nicht selbst** eine **Satzung**.
Durch die Haushaltssatzung wird der Haushaltsplan (im Innenverhältnis) **verbindlich**.

unter Angabe

c) der vorgesehenen Kreditaufnahmen für Investitionen

= § 2 Haushaltssatzung[1]

d) der vorgesehenen Verpflichtungsermächtigungen

= § 3 Haushaltssatzung[1]

Nr. 2 der Inanspruchnahme **der Ausgleichsrücklage und der Verringerung der allgemeinen Rücklage** zum Ausgleich des Ergebnisplans

= § 4 Haushaltssatzung[1]

Nr. 3 des **Höchstbetrages der Kredite zur Liquiditätssicherung**

= § 5 Haushaltssatzung[1]

Nr. 4 der **Steuersätze, die für jedes Jahr neu festzusetzen sind**

= § 6 Haushaltssatzung[1]

Nr. 5 ggfs. **des Jahres, in dem der Haushaltsausgleich wieder hergestellt ist**

= § 7 Haushaltssatzung[1]

---

[1] vgl. das gemäß § 133 III Nr. 1 GO verbindliche amtliche Muster der Haushaltssatzung (Anlage 1 VV Muster zur GO und KomHVO)

Inhalt der Haushaltssatzung
- Fortsetzung -

freiwilliger Inhalt, § 78 II 2 GO

Vorschriften, die sich auf

- Erträge und Aufwendungen
- Einzahlungen und Auszahlungen
- den Stellenplan des Haushaltsjahres
- das Haushaltssicherungskonzept

beziehen.

= §§ 8ff. Haushaltssatzung[1]

Bsp.:
- Bewirtschaftungsregelungen (§ 4 V KomHVO)
- Konkretisierung
  - des erheblichen Jahresfehlbetrages i.S.d. § 81 II Nr. 1 GO
  - der erheblichen Mehraufwendungen i.S.d. § 81 II Nr. 2 GO
  - der geringfügigen Investitionen i.S.d. § 81 III GO
  - Erheblichkeit der überplanmäßigen und außerplanmäßigen Aufwendungen und Auszahlung i.S.d. § 83 II GO

BEACHTE:
In der Aufzählung der freiwilligen Inhalte nach § 78 II 2 GO fehlen die Verpflichtungsermächtigungen, da die Regelung des § 3 der Haushaltssatzung abschließend ist.

---

[1] vgl. das gemäß § 133 III Nr. 1 GO verbindliche amtliche Muster der Haushaltssatzung (Anlage 1 VV Muster zur GO und KomHVO)

Besonderheiten der Haushaltssatzung

Haushaltssatzung	allgemeine Satzung (§ 7 GO)
Pflichtsatzung, § 78 I GO Die Gemeinden sind gesetzlich verpflichtet, eine Haushaltssatzung zu erlassen.	**freiwillige Satzungen**, § 7 I GO Die Gemeinden entscheiden im Rahmen ihrer Satzungsautonomie grds. frei über den Erlass dieser Satzungen.
überwiegend verbindlicher Inhalt § 78 II 1 GO: „Die Haushaltssatzung enthält die Festsetzung (...)".	**kein verbindlicher Inhalt**
verbindliches amtliches Muster, § 133 III GO (Anlage 1)	**kein verbindliches amtliches Muster**
Pflicht zur Anzeige bei der Aufsichtsbehörde, § 80 V 1 GO	**keine Anzeigepflicht**
tritt mit Beginn des Haushaltsjahres in Kraft, § 78 III GO	**tritt grds. am Tage nach der Bekanntmachung in Kraft**, § 7 IV 2 GO
zeitlich begrenzt auf das Haushaltsjahr, § 78 III GO	**grds. zeitlich unbegrenzte Geltung**
grds. keine Außenwirkung = die Regelungen der Haushaltssatzung binden im Innenverhältnis grds. nur den Rat und die Verwaltung (vgl. für den Haushaltsplan § 79 III 3 GO) **Ausnahme:** Steuersätze nach § 6 der Haushaltssatzung.	**Außenwirkung**

Erlass der Haushaltssatzung

1. § 80 I GO Aufstellung des Entwurfs der Haushaltssatzung
   durch den Kämmerer und
   Vorlage an den Bürgermeister (BM) zur Bestätigung

2. § 80 I, II GO Bestätigung des Entwurfs durch den BM
   Die Bestätigung umfasst:

   a) das Recht des BM, den vom Kämmerer vorgelegten Entwurf in formeller und materieller Hinsicht zu prüfen.
   b) den Entwurf abzuändern

   BEACHTE:
   - Die Abänderung darf sich nur auf einzelne Punkte beziehen; keinesfalls zulässig ist eine komplette Neufassung des Entwurfs.
   - Weicht der BM von dem ihm vorgelegten Entwurf ab, <u>kann</u> der Kämmerer hierzu eine Stellungnahme abgeben.

3. a) § 80 II GO Weiterleitung des Entwurfs durch den BM (ggfs. mit der Stellungnahme des Kämmerers) an den Rat
   Beteiligung/Anhörung:
   - Finanzausschuss (§ 59 II GO)
   - evtl. weitere Ausschüsse
   - Bezirksvertretungen (§ 37 IV GO)

   b) § 80 III GO
   - unverzügliche Bekanntgabe des Entwurfs mit
     - Hinweis auf die <u>mindestens</u> 14-tägige Einwendungsfrist
     - Angabe der Stelle, bei der die Einwendungen zu erheben sind
   - Ermöglichung der Einsichtnahme während der Dauer des Beratungsverfahrens im Rat

   BEACHTE:
   Wie der Entwurf „zur Einsichtnahme verfügbar" gehalten wird, ist gesetzlich nicht geregelt. Denkbar sind die Auslegung bzw. eine Veröffentlichung im Internet.

   - Ratsbeschluss über jede einzelne Einwendung in öffentlicher Sitzung

   BEACHTE:
   Den betroffenen Einwohnern oder Abgabepflichtigen ist der sie betreffende Beschluss durch förmlichen Bescheid mitzuteilen.

Erlass der Haushaltssatzung
- Fortsetzung -

4.	§ 80 IV GO	Beratung und Beschluss über den Entwurf durch den Rat in öffentlicher Sitzung. In der Beratung kann der Kämmerer seine abweichende Auffassung vertreten.
5.	§ 80 V GO	Anzeige der beschlossenen Haushaltssatzung an die Aufsichtsbehörde

- spätestens einen Monat vor Beginn des Haushaltsjahres

BEACHTE:
Die Haushaltssatzung ist grundsätzlich nur anzeigepflichtig.
Ausnahme: Genehmigungsbedürftigkeit der Haushaltssatzung
(§§ 75 IV und 76 II 2 GO)

6. § 80 V 3 GO öffentliche Bekanntmachung der Haushaltssatzung
- frühestens einen Monat nach Anzeige bei der Aufsichtsbehörde

BEACHTE:
- Die Aufsichtsbehörde kann die Anzeigefrist im Einzelfall aus besonderem Grund verkürzen oder verlängern (§ 80 V 4 GO).
- Im Falle eines Haushaltssicherungskonzeptes darf die Haushaltssatzung erst nach Erteilung der Genehmigung bekannt gemacht werden (§ 80 V 5 GO).

- Form vgl. Nr. 2 der Anlage 1 VV Muster zur GO und KomHVO

7. § 80 VI GO Ermöglichung der Einsichtnahme im Anschluss an die öffentliche Bekanntmachung bis zum Ende der Auslegung des Jahresabschlusses (§ 96 II GO).

Haushaltsausgleich, § 75 II GO

(+), wenn Summe der Erträge ≥ Summe der Aufwendungen

- ergibt sich aus dem im Ergebnisplan und dem in der Ergebnisrechnung ausgewiesenen Jahresergebnis.

Maßnahmen zur Erreichung des Haushaltsausgleichs:
1. Verbesserung der Ertragslage
2. Inanspruchnahme der Ausgleichsrücklage (Fiktion des Haushaltsausgleichs, vgl. § 75 II 3 GO)
3. pauschale Kürzung von Aufwendungen, § 75 II 4 GO (globaler Minderaufwand)
4. Inanspruchnahme der allgemeinen Rücklage (vgl. § 75 IV)

Falls die Aufwendungen trotz der o.g. Maßnahmen größer als die Erträge bleiben, führt dies zu einem negativen Ergebnissaldo. Dieser Fehlbetrag verringert unmittelbar das Eigenkapital. Ebenso verringert die Inanspruchnahme der Ausgleichsrücklage das Eigenkapital (vgl. § 42 IV KomHVO). Die Verringerung des Eigenkapitals darf nicht zu einer Überschuldung der Gemeinde führen.	**Überschuldungsverbot, § 75 VII** Die Gemeinde ist überschuldet, wenn nach der Bilanz das Eigenkapital (ohne Sonderrücklagen) aufgebraucht ist. Daraus folgt als zweite Forderung des Haushaltsausgleichs, dass das **Eigenkapital ≥ 0** sein muss. BEACHTE: Da das KFM keine Planbilanz kennt, kann eine Überschuldung erst beim Jahresabschluss festgestellt werden.

BEACHTE:
- Der Haushalt soll in all seinen Phasen, d.h. von der Planung über die Ausführung bis hin zum Jahresabschluss (vgl. § 75 II 1 GO) und der mittelfristigen Planung (vgl. § 84 Satz 3 GO) ausgeglichen sein.
  Ist er das nicht, so hat die Gemeinde unverzüglich geeignete Maßnahmen einzuleiten, die den Ausgleich wiederherstellen; hierzu gehört vor allem das Haushaltssicherungskonzept (vgl. § 76 GO).
- Der Ausgleich bezieht sich nach dem Wortlaut des § 75 II GO auf jedes Haushaltsjahr.

Ausgleichsrücklage, § 75 III GO

Die Ausgleichsrücklage ist in der Bilanz zusätzlich zur allgemeinen Rücklage als **gesonderter Posten des Eigenkapitals** anzusetzen (§§ 75 III 1 GO, 42 IV Ziffer 1.3 KomHVO).

Entnahme aus der Ausgleichsrücklage

Durch die Entnahme aus der Ausgleichsrücklage kann ein Fehlbedarf im Ergebnisplan bzw. ein Fehlbetrag in der Ergebnisrechnung gedeckt werden; der Haushalt gilt dann als ausgeglichen (§ 75 II 3 GO - sog. fiktiver Haushaltsausgleich).

BEACHTE:
- Die Möglichkeit der Inanspruchnahme hat sich bei der Haushaltsplanung an der Höhe der Ausgleichsrücklage am Ende des zu planenden Haushaltsjahres (Abschlussstichtag 31.12.) zu orientieren.
- Ist die Ergebnisrechnung unausgeglichen, ist der Stand der Ausgleichsrücklage zum Abschlussstichtag (31.12.) des Jahresabschlusses maßgeblich.

Zuführung von Überschüssen zur Ausgleichsrücklage (§ 75 III 2 GO)

Jahresüberschüsse können der Ausgleichsrücklage durch Beschluss nach § 96 I 2 GO zugeführt werden. Dies setzt jedoch voraus, dass die allgemeine Rücklage einen Bestand in Höhe von mindestens 3% der Bilanzsumme des Jahresabschlusses aufweist. Ist dies nicht der Fall, ist ein Jahresüberschuss zunächst der allgemeinen Rücklage zuzuführen.

Ein Jahresüberschuss ist gemäß § 96 I 3 GO ferner zunächst der allgemeinen Rücklage zuzuführen, soweit in den Jahresabschlüssen der letzten drei vorhergehenden Haushaltsjahre aufgrund entstandener Fehlbeträge in der Ergebnisrechnung die allgemeine Rücklage reduziert wurde.

allgemeine Rücklage

Höhe der allgemeinen Rücklage

Die Höhe der allgemeinen Rücklage ergibt sich aus der Gegenüberstellung sämtlicher Aktiv- und Passivposten der Bilanz mit Ausnahme der Position der allgemeinen Rücklage selbst. Ist das Ergebnis der Gegenüberstellung

a) ein **positiver Saldo**, ist dieser gleichzusetzen mit der Höhe der allgemeinen Rücklage.

b) ein **negativer Saldo**, ist der entsprechende Betrag auf der Aktivseite der Bilanz unter der Bezeichnung „Nicht durch Eigenkapital gedeckter Fehlbetrag" gesondert auszuweisen (vgl. § 44 VII KomHVO).

Inanspruchnahme der allgemeinen Rücklage

Die allgemeine Rücklage ist in Anspruch zu nehmen, wenn folgende Voraussetzungen eintreten:

1. **Fehlbetrag** im Ergebnisplan oder in der Ergebnisrechnung, der
2. nicht in voller Höhe durch eine Inanspruchnahme der Ausgleichsrücklage und/oder durch eine pauschale Kürzung von Aufwendungen (globaler Minderaufwand, § 75 II 4 GO) ausgeglichen werden kann.

Wird die allgemeine Rücklage in Anspruch genommen, ist der Haushalt unausgeglichen (Rückschluss aus § 75 II 3 GO).

Folgen der Inanspruchnahme
(= eines unausgeglichenen Haushalts)

a) **in der Planung: Genehmigung** durch die Aufsichtsbehörde (§ 75 IV GO)

b) **beim Jahresabschluss: Anzeige** an die Aufsichtsbehörde (§ 75 V GO)
Zur Erreichung des Haushaltsausgleichs kann die Aufsichtsbehörde daraufhin
- Anordnungen treffen,
- diese erforderlichenfalls selbst durchführen oder
- einen Beauftragten bestellen, wenn und solange die vorgenannten Befugnisse nicht ausreichen.

c) Werden durch die Inanspruchnahme die in § 76 I GO genannten Voraussetzungen erfüllt, hat die Gemeinde zudem ein **Haushaltssicherungskonzept** aufzustellen.

Haushaltssicherungskonzept, § 76 GO

Auslöser: Verringerung/Verbrauch der allgemeinen Rücklage
im Rahmen der Haushaltsplanung oder des Jahresabschlusses.

§ 76 I **Nr. 1** GO	§ 76 I **Nr. 2** GO	§ 76 I **Nr. 3** GO
Verringerung der allg. Rücklage	**Verringerung** der allg. Rücklage	**Verbrauch** der allg. Rücklage
in <u>einem</u> **Haushaltsjahr**	in <u>zwei</u> **aufeinanderfolgenden Planjahren**	innerhalb der <u>mittelfristigen</u> **Ergebnis- und Finanzplanung** (= 5 Jahre, vgl. § 84 GO)
• um mehr als ¼ (25%) • gegenüber der Schlussbilanz des Vorjahres	• jeweils um mehr als 1/20 (5 %) • gegenüber der Schlussbilanz des Vorjahres	

Ziel
Wiederherstellung des Haushaltsausgleichs
(vgl. § 76 II 1 GO, § 5 Satz 2 KomHVO)

Inhalt
Beschreibung der Ausgangslage, der Ursachen der entstandenen Fehlentwicklung und deren vorgesehene Beseitigung (§ 5 KomHVO).

Genehmigung
Das Haushaltssicherungskonzept bedarf der Genehmigung der Aufsichtsbehörde (§ 76 II 2 GO). Diese kann unter Bedingungen und mit Auflagen erteilt werden (§ 76 II 5 GO).
Die Genehmigung soll nur erteilt werden, wenn aus dem Haushaltssicherungskonzept hervorgeht, dass der Haushaltsausgleich nach § 75 II GO spätestens im 10. auf das Haushaltsjahr folgenden Jahr wieder erreicht wird (§ 76 II 3 GO).

Ausführung des Haushalts

Bewirtschaftung der Ansätze

nach den Vorgaben des Haushaltsplans
(vgl. § 79 III 2 GO)

Buchführung

= Erfassung der mit der Bewirtschaftung verbundenen Geschäftsvorfälle
(vgl. § 28 KomHVO)

Veränderung der Ansätze

(flexible Haushaltsführung)

Stundung, Niederschlagung, Erlass

Stundung	Niederschlagung	Erlass
Vereinbarung zwischen Gläubiger und Schuldner, eine bestimmte Zeit auf die Realisierung eines bestehenden Anspruchs zu verzichten. Durch die Stundung wird lediglich die Fälligkeit hinausgeschoben, der Anspruch selbst bleibt hingegen bestehen.	Zurückstellung (befristet oder unbefristet) der Weiterverfolgung eines bestehenden Anspruchs ohne Verzicht auf den Anspruch selbst.	Endgültiger Verzicht auf einen bestehenden Anspruch. Durch den Erlass erlischt der Anspruch.

Rechtsgrundlagen
für die Stundung, die Niederschlagung und den Erlass von

Realsteuern (§ 3 II AO)

§§ 222, 261, 227 I AO

- für Realsteuern, deren Verwaltung den Gemeinden übertragen worden ist (vgl. § 1 I GrStG, § 1 GewStG), gelten die **§§ 222, 227 I AO** gemäß § 1 II Nr. 5 AO entsprechend.
- **§ 261 AO** findet gemäß §§ 1 III, 12 I Nr. 6b KAG Anwendung.

Kommunalabgaben (§ 1 I KAG)

§§ 222, 261, 227 I AO

- Die **§§ 222, 227 I AO** sind gemäß § 12 I Nr. 5a KAG auf Kommunalabgaben entsprechend anzuwenden.
- **§ 261 AO** ist gemäß § 12 I Nr. 6b KAG auf Kommunalabgaben entsprechend anzuwenden.

sonstigen
öffentlich-rechtlichen oder privatrechtlichen Forderungen

§ 27 KomHVO

Kleinbeträge

Auf die Einziehung von Kleinbeträgen kann unter folgenden Voraussetzungen verzichtet werden:

1. Voraussetzung:

Die Kosten für die Durchsetzung eines Anspruchs übersteigen den Wert der zugrunde liegenden Forderung; der Einzug der Forderung ist **unwirtschaftlich** (vgl. 75 I 2 GO).

2. Voraussetzung:

Für den Verzicht auf den Einzug der Forderung gibt es eine **Rechtsgrundlage**:

- **Realsteuern:** Für Realsteuern, deren Verwaltung den Gemeinden übertragen worden ist (vgl. § 1 I GrStG, § 1 GewStG), gilt **§ 156 AO** gemäß § 1 II Nr. 4 AO entsprechend.
  Gemäß § 156 I AO kann durch Rechtsverordnung (sog. KleinbetragsVO) ein Betrag bestimmt werden, bis zu dem Steuern nicht festgesetzt werden (Bagatellgrenze). Da in der KleinbetragsVO für Realsteuern jedoch keine Bagatellgrenze festgelegt worden ist, sind Realsteuern unabhängig von ihrer Höhe grds. immer einzuziehen.

- **Kommunalabgaben:** Rechtsgrundlage ist **§ 13 KAG**. Danach liegt die Bagatellgrenze bei 10 Euro.

  BEACHTE:
  - Der Verzicht auf den Einzug der Forderung liegt im Ermessen der Gemeinde.
  - Beträge unter 10 Euro sind ausnahmsweise dann einzuziehen, wenn dies wegen der grundsätzlichen Bedeutung des Falles geboten ist (vgl. § 13 I KAG).

- **sonstige öffentlich-rechtliche oder privatrechtliche Forderungen:**
  Aus dem Haushaltsgrundsatz der Wirtschaftlichkeit (§ 75 I 2 GO) folgt, dass die Gemeinde nach freiem Ermessen darüber entscheiden kann, ob sie auf eine Einziehung verzichtet.

  BEACHTE:
  Ein Verzicht ist ausnahmsweise dann ausgeschlossen, wenn die Einziehung aus wirtschaftlichen oder anderen grundsätzlichen Erwägungen geboten ist.

flexible (bewegliche) Haushaltsführung

Grundsatz:
Nach **§ 79 III 2 GO** ist der Haushaltsplan für die Haushaltsführung verbindlich. Die Haushaltsführung muss demnach exakt der Planung entsprechen.

Folge: Sind Haushaltsansätze verbraucht oder nicht vorgesehen, können mangels Ermächtigung erforderliche Auszahlungen nicht getätigt und Aufwendungen nicht erbracht werden. Um dies zu verhindern, hat der Gesetzgeber folgende Möglichkeiten einer flexiblen Haushaltsführung vorgesehen:

echte Deckungs-fähigkeit § 21 I KomHVO	unechte Deckungs-fähigkeit § 21 II KomHVO	überplanmäßige und außerplanmäßige Aufwendungen, Auszahlungen und Verpflichtungs-ermächtigungen §§ 83, 85 GO	Nachtragssatzung/ Nachtragsplan § 81 GO, § 10 KomHVO

Die Inanspruchnahme der echten Deckungsfähigkeit erfolgt im Budget (§ 21 I 2 KomHVO); die unechte Deckungsfähigkeit setzt einen entsprechenden Deckungsvermerk in der Haushaltssatzung oder im Haushaltsplan voraus (§§ 21 II, 4 V KomHVO). Die echte und die unechte Deckungsfähigkeit sind daher bereits in der Planungsphase durch die Bildung von Budgets bzw. die Anbringung der erforderlichen Vermerke zu berücksichtigen.

Gemäß § 24 I 2 KomHVO ist die Inanspruchnahme der im Haushaltsplan enthaltenen Ermächtigungen zu überwachen. Dies beinhaltet, dass bei jeder Haushaltsstelle der aktuelle Stand der noch zur Verfügung stehenden Mittel erkennbar sein muss.

Prüfungsreihenfolge
der flexiblen Haushaltsführung

1. unechte Deckungsfähigkeit, § 21 II KomHVO

= ein Mehrertrag/-einzahlung führt zu einem Mehraufwand/-auszahlung

- vorrangig, da im Gegensatz zur echten Deckungsfähigkeit keine Einsparungen erforderlich sind -

2. echte Deckungsfähigkeit, § 21 I KomHVO

= eine Einsparung führt zu einem Mehraufwand/ einer Mehrauszahlung

- vorrangig, da im Gegensatz zur Pflichtnachtragssatzung bzw. der über- oder außerplanmäßigen Bewilligung von Aufwendungen bzw. Auszahlungen kein förmliches Bereitstellungsverfahren erforderlich ist -

3. Pflichtnachtragssatzung, § 81 II GO

- Der Vorrang ergibt sich aus § 83 II 2 GO -

4. über- oder außerplanmäßige Aufwendungen bzw. Auszahlungen, § 83 GO

- vorrangig, da im Gegensatz zur freiwilligen Nachtragssatzung kein Ratsbeschluss erforderlich ist -

5. freiwillige Nachtragssatzung, § 81 I GO

Prüfungsschema

1. **Ermittlung**, ob und wenn ja in welcher Höhe ein **zusätzlicher Bedarf** (Mehrbedarf) besteht

   a) Feststellung der betroffenen **Haushaltsposition**
   b) Ermittlung des **Mehrbedarfs**:

   Aktueller Ansatz im laufenden Haushaltsjahr bei der betroffenen Haushaltsposition (ursprünglicher Ansatz unter Berücksichtigung von Veränderungen durch Nachtragshaushalte)
   + ggfs. vorhandener **Haushaltsrest aus dem Vorjahr** (§ 22 KomHVO)
   - der bereits **erfolgten Inanspruchnahme**
   - des noch **bestehenden Bedarfs bis zum Abschlussstichtag** (31.12.)

   Ergibt sich ein **negativer Saldo**, d.h. kann der noch bis zum Abschlussstichtag (31.12.) bestehende Bedarf nicht oder nicht mehr in voller Höhe gedeckt werden, besteht ein durch die Haushaltsposition **nicht gedeckter Mehrbedarf**.

2. **Prüfung der Deckung des zusätzlichen Bedarfs** (Mehrbedarfs) durch

   a) die unechte Deckungsfähigkeit, § 21 II KomHVO
   b) die echte Deckungsfähigkeit, § 21 I KomHVO
   c) eine Pflichtnachtragssatzung, § 81 II GO
   d) über- oder außerplanmäßige Aufwendungen bzw. Auszahlungen, § 83 GO
   e) eine freiwillige Nachtragssatzung, § 81 I GO

Aufwendungen und Auszahlungen sind **überplanmäßig**, wenn es für sie bereits einen Haushaltsansatz gibt, der überschritten wird.

Aufwendungen und Auszahlungen sind **außerplanmäßig**, wenn sie bisher noch nicht im Haushaltsplan veranschlagt waren, d.h. eine Ermächtigung im Haushaltsplan erst noch geschaffen werden muss.
Da für außerplanmäßige Aufwendungen und Auszahlungen (noch) keine Ermächtigung vorliegt, bestimmt der tatsächliche Bedarf die Höhe der außerplanmäßigen Mittelbereitstellung (Bedarfsdeckungsprinzip).
Die Berechnung eines Mehrbedarfs wie bei den überplanmäßigen Aufwendungen und Auszahlungen (s.o.) ist somit nicht erforderlich.

unechte Deckungsfähigkeit, § 21 II KomHVO

Ein zusätzlicher Bedarf (Mehrbedarf) kann im Rahmen der unechten Deckungsfähigkeit unter den folgenden Voraussetzungen gedeckt werden:

1. Mehrertrag bzw. Mehreinzahlung für Investitionen
2. Deckungsvermerk (Verstärkungsvermerk)
   - folgt aus dem Wortlaut des § 21 II 1 KomHVO:
     „Es kann <u>bestimmt werden</u>, dass (…).“
3. Keine Minderung des Saldos aus laufender Verwaltungstätigkeit nach § 3 II Nr. 1 KomHVO (§ 21 III 1 KomHVO).

   Der Saldo aus laufender Verwaltungstätigkeit vermindert sich, wenn der Mehrertrag nicht zu einer Mehreinzahlung, der Mehraufwand aber zu einer Mehrauszahlung führt. Dies ist bei Mehrerträgen aus **aktivierten Eigenleistungen und Bestandsveränderungen** (§ 2 I Nr. 8, 9 KomHVO) der Fall.

   Bsp:
   Ein Mehrertrag aus aktivierter Eigenleistung (§ 2 I Nr. 8 KomHVO) i.H.v. 1000,- Euro soll einen Mehraufwand für eine Sachleistung (§ 2 I Nr. 12 KomHVO) i.H.V. 800,- Euro decken. Der Mehraufwand für die Sachleistung ist mit einer Auszahlung (§ 3 I Nr. 11 KomHVO) in gleicher Höhe verbunden. Der Mehrertrag aus aktivierter Eigenleistung führt hingegen nicht zu einer Mehreinzahlung. Dies wirkt sich auf den Saldo aus laufender Verwaltungstätigkeit wie folgt aus:

Mehreinzahlung:	0,-
Mehrauszahlung:	- 800,-
Saldo:	- 800,- = Minderung

4. Keine Gefährdung des geplanten Jahresergebnisses durch die Inanspruchnahme der unechten Deckungsfähigkeit (§ 21 III 2 KomHVO).
5. Beachtung des § 86 GO (§ 21 III 2 KomHVO).

BEACHTE:
- Da „Mehr" zu „Mehr" und „Minder" zu „Minder" führt und damit das Haushaltsvolumen vergrößert bzw. verkleinert wird, ist die Deckungsfähigkeit „unecht"; bei der echten Deckungsfähigkeit bleibt das Haushaltsvolumen dagegen unverändert (ein „Mehr" muss hier durch ein „Minder" ausgeglichen werden).
- Die Mehraufwendungen oder Mehrauszahlungen <u>gelten</u> nicht als überplanmäßige Aufwendungen oder Auszahlungen (§ 21 II 3 KomHVO).
- Die unechte Deckungsfähigkeit kann im Einzelfall auch ohne Budgetierung angeordnet werden, um z.B. einem bestimmten Aufgabenbereich die Möglichkeit zu geben, bei einer Verbesserung der Ertragslage einen Anteil der Mehrerträge für zusätzliche Aufwendungen einsetzen zu können.

echte Deckungsfähigkeit im Budget, § 21 I KomHVO

Ein zusätzlicher Bedarf (Mehrbedarf) kann im Rahmen der echten Deckungsfähigkeit unter den folgenden Voraussetzungen gedeckt werden:

1. Budgetierung = Übertragung von Ressourcen auf einzelne Organisationseinheiten der Verwaltung zur eigenen Bewirtschaftung.
2. Kein Ausschluss der echten Deckungsfähigkeit durch Vermerk (vgl. § 4 V GemHVO).
3. Keine Überschreitung der verbindlichen (Budget-)Summe der Erträge, der Aufwendungen bzw. der Ein- und Auszahlungen für Investitionen.

   Die Summe der Aufwendungen wird solange nicht überschritten, wie der Mehrbedarf (= Mehraufwand) durch eine Einsparung (= Minderaufwand) ausgeglichen werden kann.

4. Keine Minderung des Saldos aus laufender Verwaltungstätigkeit nach § 3 II Nr. 1 KomHVO (§ 21 III 1 KomHVO).

   Der Saldo aus laufender Verwaltungstätigkeit vermindert sich, wenn der Minderaufwand (= die Einsparung beim Aufwand) nicht zu einer Minderauszahlung (= einer Einsparung bei den Auszahlungen), der Mehraufwand aber zu einer Mehrauszahlung führt. Dies ist bei einem Minderaufwand bei den **bilanziellen Abschreibungen** (§ 2 I Nr. 13 KomHVO) der Fall.

   Bsp:
   Ein Minderaufwand (Einsparung) bei den bilanziellen Abschreibungen (§ 2 I Nr. 13 KomHVO) i.H.v. 1000,- Euro soll einen Mehraufwand für eine Sachleistung (§ 2 I Nr. 12 KomHVO) i.H.V. 800,- Euro decken. Der Mehraufwand für die Sachleistung ist mit einer Auszahlung (§ 3 I Nr. 11 KomHVO) in gleicher Höhe verbunden. Der Minderaufwand bei den bilanziellen Abschreibungen führt hingegen nicht zu einer Einsparung bei einer Zahlungsposition. Dies wirkt sich auf den Saldo aus laufender Verwaltungstätigkeit wie folgt aus:

   Mehreinzahlung: 0,-
   Mehrauszahlung: - 800,-
   Saldo: - 800,- = Minderung

echte Deckungsfähigkeit im Budget
- Fortsetzung -

BEACHTE:

- Die Summenverbindlichkeit bezieht sich auf die in §§ 2 und 3 KomHVO vorgegebenen Positionen, nicht aber auf weitere Untergliederungen (z.B. die Kontenebene); diese sind unabhängig von einer Budgetierung immer gegenseitig deckungsfähig (z.B. Mietaufwand **54**2 und Versicherungsaufwand **54**4).
- Die aus der echten Deckungsfähigkeit folgenden Mehraufwendungen oder Mehrauszahlungen sind überplanmäßig. Die Regelung des § 21 II 3 KomHVO gilt direkt nur für die unechte Deckungsfähigkeit. Sie kann auf die echte Deckungsfähigkeit jedoch analog angewendet werden.
- Die echte Deckungsfähigkeit ist durch § 21 I 2, 3 KomHVO gesetzlich zugelassen; ein Deckungsvermerk ist daher nicht erforderlich.
Die gesetzlich vorgesehene echte Deckungsfähigkeit innerhalb von Budgets kann durch eine entsprechende Bewirtschaftungsregel (vgl. § 4 V KomHVO) ausgeschlossen werden. Dies bietet sich bei Aufwandspositionen im Budget an, die nicht zu einer Auszahlung führen (z.B. Abschreibungen und internen Leistungsbeziehungen). Würde eine Einsparung bei einer Abschreibung zu einem Mehraufwand bei einer anderen Aufwandsposition führen, die im Gegensatz zur Abschreibung mit einer Zahlung verbunden ist, müsste die Mehrauszahlung durch eine Einsparung bei einer weiteren Auszahlungsposition aufgefangen werden, da ansonsten der Finanzmittelsaldo unzulässigerweise gemindert würde (vgl. § 21 III 1 KomHVO).

echte Deckungsfähigkeit in der Gesamtdeckung

Im Gesamthaushalt (= außerhalb von Budgets) sind gemäß § 79 III 2 GO die einzelnen Planpositionen sowie gemäß § 20 KomHVO die Gesamtsummen des Haushalts verbindlich. Daraus folgt:

- Innerhalb einer Position (= Zeile des Plans) ist eine Verschiebung der Mittel zulässig, solange nicht die Gesamtsumme der Position überschritten wird.
  Bsp.: Innerhalb des Produktbereichs 04 Kultur und Wissenschaft kann eine Personalkosteneinsparung beim Museum A für eine Steigerung der Personalkosten beim Museum B eingesetzt werden.

BEACHTE:
Die systembedingte Deckungsfähigkeit innerhalb der Einzelpositionen des Haushaltsplans kann durch eine entsprechende Bewirtschaftungsregel (vgl. § 4 V KomHVO) ausgeschlossen werden.

- Zwischen den einzelnen Positionen ist eine Mittelverschiebung im Rahmen der echten Deckungsfähigkeit nur auf der Grundlage eines **Deckungsvermerks** möglich. Dieser kann in den Teilplänen oder zentral in der Haushaltssatzung angebracht werden (vgl. § 4 V KomHVO).

BEACHTE:
Deckungsvermerke führen i.d.R. auch zu Mehrauszahlungen. Dies darf gemäß § 21 III 1 KomHVO nicht zu einer Minderung des Saldos aus laufender Verwaltungstätigkeit führen.

Formen der echten Deckungsfähigkeit

einseitige echte Deckungsfähigkeit

= von den in die Deckungsfähigkeit einbezogenen Positionen ist eine Position einseitig deckungspflichtig (Minderaufwand/ -auszahlung) und eine andere Position einseitig deckungsberechtigt (Mehraufwand/ -auszahlung).
Kommt es auf der deckungsberechtigten Position zu einem Minderaufwand/ -auszahlung, darf diese aufgrund der Einseitigkeit der Deckungsfähigkeit nicht zugunsten der deckungspflichtigen Position eingesetzt werden.

gegenseitige echte Deckungsfähigkeit

= von den in die Deckungsfähigkeit einbezogenen Positionen sind beide wahlweise deckungspflichtig oder deckungsberechtigt.

Pflichtnachtragssatzung

In den folgenden Fällen ist der Erlass einer Nachtragssatzung verpflichtend:

§ 81 II Nr. 1 - 3 GO

Änderung eines Paragraphen der Haushaltssatzung

insbesondere der §§ 2 - 6

BEACHTE:
Eine Änderung der Steuersätze in § 6 der Haushaltssatzung ist gemäß § 25 III GrStG, § 16 III GewStG nur bis zum 30.6. des laufenden Haushaltsjahres möglich.

Änderung von Haushaltsvermerken

in den Teilplänen oder
in der Haushaltssatzung
(vgl. § 4 V KomHVO)

Änderung der Höhe der Verfügungsmittel des Bürgermeisters
(vgl. § 14 KomHVO)

Änderung von Zielen und Kennzahlen
(vgl. §§ 4 II Nr. 1 KomHVO)

§ 81 II Nr. 1 - 3 GO

§ 81 II Nr. 1 a) GO

- Ein **Jahresfehlbetrag** liegt vor, wenn
  - die Gesamtaufwendungen die Gesamterträge übersteigen und
  - die Ausgleichsrücklage erschöpft ist.
- **erheblicher** Jahresfehlbetrag
  Die Erheblichkeit richtet sich nach der Größe der Gemeinde bzw. der Höhe des Haushaltsvolumens. Die Schwelle zur Erheblichkeit kann per Haushalts- oder Hauptsatzung oder per Ratsbeschluss festgelegt werden. I.d.R. erfolgt die Festlegung als Prozentsatz (2 - 5%) vom Haushaltsvolumen.
- erheblicher Fehlbetrag trotz **Ausnutzung jeder Sparmöglichkeit** = Eine weitere Reduzierung der Aufwendungen ist nicht möglich.
- **Haushaltsausgleich** kann **nur durch Änderung der Haushaltssatzung** erreicht werden
  = Verbesserung der Ertragsseite durch Änderung der Haushaltssatzung, d.h. durch eine Anhebung der Steuersätze des § 6 bis 30.6. des Jahres.

§ 81 II Nr. 1 b) GO

Unterschied zu § 81 II Nr. 1 a) GO: Während bei § 81 II Nr. 1 **a)** GO die Haushaltsplanung noch ausgeglichen ist, ist bei § 81 II Nr. 1 **b)** GO bereits ein Fehlbetrag eingeplant und dieser geplante Fehlbetrag erhöht sich erheblich. Die Festlegung der Erheblichkeitsgrenze erfolgt wie bei § 81 II Nr. 1 GO.

§ 81 II Nr. 2 GO

- **außerplanmäßige** (= bisher nicht veranschlagte) oder **überplanmäßige** (= zusätzliche) **Aufwendungen oder Auszahlungen**
- **bei einzelnen Haushaltspositionen**
- in einem im Verhältnis zu den Gesamtaufwendungen oder Gesamtauszahlungen **erheblichen Umfang**
  Die Schwelle zur Erheblichkeit kann durch die Gemeinde nach freiem Ermessen per Satzung (Haushalts- oder Hauptsatzung) oder per Ratsbeschluss festgelegt werden. I.d.R. erfolgt die Festlegung als Prozentsatz (1 - 2% von den Gesamtaufwendungen /-auszahlungen).

§ 81 II Nr. 1 - 3 GO
- Fortsetzung -

Ausnahmen zu § 81 II Nr. 2 GO:

- **§ 81 II Satz 2 GO**
  Für <u>überplanmäßige</u> <u>Auszahlungen</u>, die nach § 83 III GO im Wege des Haushaltsvorgriffs bereitgestellt werden können, ist eine Pflichtnachtragssatzung nicht erforderlich.
- **§ 81 III GO**
  - Nr. 1: geringfügige Investitionen (Wertgrenze ist von der Gemeinde festzusetzen) und Instandsetzungen an Bauten, die unabweisbar, d.h. sachlich und zeitlich unaufschiebbar sind.
  - Nr. 2: Umschuldung von Krediten für Investitionen

§ 81 II **Nr. 3** GO

- **Auszahlungen** für **außerplanmäßige** (= bisher nicht veranschlagte) **Investitionen** (= Veränderung des Anlagevermögens).

Ausnahme zu § 81 II Nr. 3 GO:

- **§ 81 III GO**
  - Nr. 1: geringfügige Investitionen (Wertgrenze ist von der Gemeinde festzusetzen) und Instandsetzungen an Bauten, die unabweisbar, d.h. sachlich und zeitlich unaufschiebbar sind.
  - Nr. 2: Umschuldung von Krediten für Investitionen

überplanmäßige Aufwendungen und Auszahlungen, § 83 GO

Aufwendungen und Auszahlungen sind **überplanmäßig**, wenn es für sie bereits einen Haushaltsansatz gibt, der überschritten wird.

Überplanmäßige Aufwendungen und Auszahlungen können unter den folgenden Voraussetzungen in Anspruch genommen werden:

Vorrang der Pflichtnachtragssatzung, § 83 II 2 GO

Sind die überplanmäßigen Aufwendungen oder Auszahlungen bei einzelnen Haushaltspositionen so hoch, dass sie in einem im Verhältnis zu den Gesamt-aufwendungen oder Gesamtauszahlungen erheblichen Umfang geleistet werden müssen, hat die Gemeinde grds. gemäß § 81 II Nr. 2 GO eine Nachtragssatzung (Pflichtnachtragssatzung) zu erlassen. Die Inanspruchnahme überplanmäßiger Aufwendungen und Auszahlungen scheidet dann aus.

---

keine Verfügungsmittel des Bürgermeisters

Verfügungsmittel dürfen gemäß § 14 Satz 2 KomHVO nicht überschritten werden. Eine überplanmäßige Bewilligung ist demnach unzulässig.

Unabweisbarkeit, § 83 I 1 GO

Überplanmäßige Aufwendungen und Auszahlungen müssen sachlich und zeitlich unabweisbar sein:

sachliche Unabweisbarkeit

- Es besteht ein dringendes sachliches Bedürfnis zur Erfüllung einer Aufgabe.
- Die Notwendigkeit der Aufwendung/ Auszahlung ergibt sich zwingend aus dieser Aufgabe.

zeitliche Unabweisbarkeit

- Die Verschiebung der Aufwendung/ Auszahlung bis zum Erlass einer Nachtragssatzung oder der Haushaltssatzung des Folgejahres ist
  - nicht möglich oder
  - wirtschaftlich unzweckmäßig.

überplanmäßige Aufwendungen und Auszahlungen, § 83 GO
- Fortsetzung -

BEACHTE:
- Die Unabweisbarkeit kann nicht durch politische Vorgaben wie z.B. einen Ratsbeschluss herbeigeführt werden. Ist der Rat der Auffassung, eine bestimmte Aufgabe müsse zwingend durchgeführt werden, kann er die erforderlichen überplanmäßigen Mittel selbst durch eine freiwillige Nachtragssatzung bewilligen (vgl. § 81 I GO).
- Die zeitliche Unabweisbarkeit kann nicht damit begründet werden, dass eine spätere Aufgabenerfüllung wegen der allgemeinen Preissteigerung teurer ist.

Deckung im laufenden Haushaltsjahr, § 83 I 2 GO

Das Haushaltsvolumen soll durch die Inanspruchnahme überplanmäßiger Aufwendungen/Auszahlungen nicht vergrößert werden, d.h. der Saldo aus Aufwendungen und Erträgen sowie der Saldo aus Einzahlungen und Auszahlungen soll unverändert bleiben.

Folge:
Die Inanspruchnahme überplanmäßiger Aufwendungen/Auszahlungen setzt grundsätzlich entsprechende

a) Mehrerträge oder Mehreinzahlungen bzw.
b) Minderaufwendungen oder Minderauszahlungen (Einsparungen)

im laufenden Haushaltsjahr voraus.

BEACHTE: § 83 I 2 GO ist als Sollvorschrift formuliert, d.h. auf die Deckung im laufenden Haushaltsjahr kann in begründeten Ausnahmefällen auch verzichtet werden.

Ausnahme: Haushaltsvorgriff, § 83 III GO

BEACHTE:
Aufgrund des Grundsatzes der Gesamtdeckung (§ 20 KomHVO) können alle Einsparungen zur Deckung verwendet werden.
Eine Planung durch einen Haushaltsvermerk (§ 21 II KomHVO) oder die Bildung eines Budgets (§ 21 I KomHVO) ist nicht erforderlich.

Haushaltsvorgriff, § 83 III GO

= Deckung überplanmäßiger Auszahlungen erst im folgenden Haushaltsjahr

Tatbestandsvoraussetzungen des § 83 III GO

1. **überplanmäßige Auszahlung**

   BEACHTE:
   Für außerplanmäßige Auszahlungen gilt der in § 83 I 2 GO geregelte Grundsatz der Deckung im laufenden Haushaltsjahr, da eine dem § 83 III GO entsprechende Regelung fehlt (§ 83 III GO bezieht sich seinem Wortlaut nach ausschließlich auf <u>über</u>planmäßige Auszahlungen).

2. für **Investitionen**
   = Erhöhung des **Anlagevermögens**
   = alle Gegenstände, die dazu bestimmt sind, dauernd der Aufgabenerfüllung der Gemeinde zu dienen (§§ 34 I 2, 42 III Nr. 1 KomHVO); auf den Wert des Vermögensgegenstandes kommt es nicht an (die Geringwertigkeit hat gemäß § 36 II KomHVO nur Einfluss auf die Abschreibung).

   BEACHTE:
   Die Aufwendungen für Abschreibungen, die sich aus der Anschaffung des „überplanmäßigen" Anlagevermögens ergeben, müssen im laufenden Haushaltsjahr gedeckt sein (§ 83 III GO bezieht sich ausschließlich auf Auszahlungen und nicht auch auf Aufwendungen = Abschreibungen).

3. die im folgenden Jahr **fortgesetzt** werden (Fortsetzungsmaßnahme)

   BEACHTE:
   Kann die Maßnahme noch im laufenden Haushaltsjahr abgeschlossen werden, ist der Haushaltsvorgriff ausgeschlossen.

4. deren **Deckung im folgenden Jahr** gewährleistet ist
   = Vorgriff auf die Haushaltsmittel des Folgejahres

   BEACHTE:
   Ist eine vollständige oder teilweise Deckung im laufenden Haushaltsjahr möglich, scheidet der Haushaltsvorgriff insoweit aus.

außerplanmäßige
Aufwendungen und Auszahlungen, § 83 GO

Aufwendungen und Auszahlungen sind **außerplanmäßig**, wenn sie bisher noch nicht im Haushaltsplan veranschlagt waren, d.h. eine Ermächtigung im Haushaltsplan erst noch geschaffen werden muss.

Außerplanmäßige Aufwendungen und Auszahlungen können unter den folgenden Voraussetzungen in Anspruch genommen werden:

Vorrang der Pflichtnachtragssatzung, § 83 II 2 GO

- Sind die benötigten außerplanmäßigen Aufwendungen oder Auszahlungen so hoch, dass sie in einem im Verhältnis zu den Gesamtaufwendungen oder Gesamtauszahlungen erheblichen Umfang geleistet werden müssen (§ 81 II Nr. 2 GO) oder
- sollen Auszahlungen für bisher nicht veranschlagte Investitionen geleistet werden (§ 81 II Nr. 3 GO),

hat die Gemeinde grds. gemäß § 81 II Nr. 2 GO eine Nachtragssatzung (Pflichtnachtragssatzung) zu erlassen. Die Inanspruchnahme außerplanmäßiger Aufwendungen und Auszahlungen scheidet dann aus.

---

keine Verfügungsmittel des Bürgermeisters

Verfügungsmittel sind gemäß § 14 Satz 1 KomHVO im Haushaltsplan gesondert anzugeben. Eine außerplanmäßige Bereitstellung ist demnach unzulässig.

Unabwesbarkeit, § 83 I 1 GO

Außerplanmäßige Aufwendungen und Auszahlungen müssen sachlich und zeitlich unabweisbar sein:

sachliche Unabweisbarkeit

- Es besteht ein dringendes sachliches Bedürfnis zur Erfüllung einer Aufgabe.
- Die Notwendigkeit der Aufwendung/ Auszahlung ergibt sich zwingend aus dieser Aufgabe.

zeitliche Unabweisbarkeit

- Die Verschiebung der Aufwendung/ Auszahlung bis zum Erlass einer Nachtragssatzung oder der Haushaltssatzung des Folgejahres ist
  - nicht möglich oder
  - wirtschaftlich unzweckmäßig.

außerplanmäßige Aufwendungen und Auszahlungen, § 83 GO
- Fortsetzung -

BEACHTE:
- Die Unabweisbarkeit kann nicht durch politische Vorgaben wie z.B. einen Ratsbeschluss herbeigeführt werden. Ist der Rat der Auffassung, eine bestimmte Aufgabe müsse zwingend durchgeführt werden, kann er die erforderlichen überplanmäßigen Mittel selbst durch eine freiwillige Nachtragssatzung bewilligen (vgl. § 81 I GO).
- Die zeitliche Unabweisbarkeit kann nicht damit begründet werden, dass eine spätere Aufgabenerfüllung wegen der allgemeinen Preissteigerung teurer wird.

Deckung im laufenden Haushaltsjahr, § 83 I 2 GO

Das Haushaltsvolumen soll durch die Inanspruchnahme außerplanmäßiger Aufwendungen/Auszahlungen nicht vergrößert werden, d.h. der Saldo aus Aufwendungen und Erträgen sowie der Saldo aus Einzahlungen und Auszahlungen soll unverändert bleiben.

Folge:
Die Inanspruchnahme außerplanmäßiger Aufwendungen/Auszahlungen setzt grundsätzlich entsprechende

a) Mehrerträge oder Mehreinzahlungen bzw.
b) Minderaufwendungen oder Minderauszahlungen (Einsparungen)

im laufenden Haushaltsjahr voraus.

BEACHTE:
- § 83 I 2 GO ist als Sollvorschrift formuliert, d.h. auf die Deckung im laufenden Haushaltsjahr kann in begründeten Ausnahmefällen auch verzichtet werden.
- Aufgrund des Grundsatzes der Gesamtdeckung (§ 20 KomHVO) können alle Einsparungen zur Deckung verwendet werden.

über- und außerplanmäßige Verpflichtungsermächtigungen, § 85 I 2 GO

Verpflichtungsermächtigungen sind Ermächtigungen zum Eingehen von Verpflichtungen, die künftige Haushaltsjahre mit Auszahlungen für Investitionen belasten (§ 78 II Nr. 1 d) GO).

Unabweisbarkeit, § 85 I 2 GO

Über- und außerplanmäßige Verpflichtungsermächtigungen müssen sachlich und zeitlich unabweisbar sein:

sachliche Unabweisbarkeit

- Es besteht ein dringendes sachliches Bedürfnis zur Erfüllung einer Aufgabe.
- Die Notwendigkeit, künftige Haushaltsjahre mit Auszahlungen für Investitionen zu belasten, ergibt sich zwingend aus dieser Aufgabe.

zeitliche Unabweisbarkeit

- Das Verschieben der Verpflichtung bis zum Erlass einer Nachtragssatzung oder der Haushaltssatzung des Folgejahres ist
  - nicht möglich oder
  - wirtschaftlich unzweckmäßig.

BEACHTE:
- Die Unabweisbarkeit kann nicht durch politische Vorgaben wie z.B. einen Ratsbeschluss herbeigeführt werden. Ist der Rat der Auffassung, eine bestimmte Aufgabe müsse zwingend durchgeführt werden, kann er die erforderlichen über- oder außerplanmäßigen Verpflichtungsermächtigungen selbst durch eine freiwillige Nachtragssatzung bewilligen (vgl. § 81 I GO).
- Die zeitliche Unabweisbarkeit kann nicht damit begründet werden, dass eine spätere Verpflichtung wegen der allgemeinen Preissteigerung teurer wird.

Keine Überschreitung des in der Haushaltssatzung festgesetzten Gesamtbetrags der VE, § 85 I 2 GO

Der Gesamtbetrag der VE ergibt sich aus § 3 der Haushaltssatzung (vgl. Anlage 1 VV Muster zur GO und KomHVO).
Die Inanspruchnahme einer über- oder außerplanmäßigen VE setzt demnach eine Einsparung bei einer veranschlagten VE voraus.

BEACHTE:
Eine Überschreitung des in der Haushaltssatzung festgesetzten Gesamtbetrages der VE ist nur im Wege einer Pflichtnachtragssatzung möglich (Änderung des § 3 der Haushaltssatzung).

2.2 flexible Haushaltsführung

Entscheidungsbefugnis

Grundsatz

Grundsätzlich entscheidet der **Kämmerer** über die Bewilligung über- und außerplanmäßiger Aufwendungen, Auszahlungen und Verpflichtungsermächtigungen (§ 83 I 3 GO, § 85 I 3 GO für Verpflichtungsermächtigungen).

Ausnahmen / Einschränkungen
gibt es für

über- und außerplanmäßige **Aufwendungen und Auszahlungen**	über- und außerplanmäßige **Verpflichtungsermächtigungen**
Festlegung einer abweichenden Entscheidungsbefugnis durch den Rat (§ 83 I 3 GO).	Festlegung einer abweichenden Entscheidungsbefugnis durch den Rat (§ 85 I 3 GO i.V.m. § 83 I 3 GO).
Behält der Kämmerer die Entscheidungsbefugnis, kann er sie auf **andere Bedienstete** übertragen, wenn der Bürgermeister und der Rat dem zustimmt (§ 83 I 4 GO).	Behält der Kämmerer die Entscheidungsbefugnis, kann er sie auf **andere Bedienstete** übertragen, wenn der Bürgermeister und der Rat dem zustimmt (§ 85 I 3 GO i.V.m. § 83 I 4 GO).
Erhebliche über- und außerplanmäßige Aufwendungen und Auszahlungen bedürfen der vorherigen Zustimmung des Rates (§ 83 II 1 GO). Die Entscheidung über die Zustimmung kann der Rat nicht übertragen (§ 41 I h) GO).	§ 85 II GO verweist nicht auf § 83 II GO, d.h. über- u. außerplanmäßige Verpflichtungsermächtigungen bedürfen daher unabhängig von ihrer Höhe <u>nicht</u> der vorherigen Zustimmung des Rates. **Begründung:** Der Rat hat bereits über die Höhe des Gesamtbetrages entschieden, der nicht überschritten werden darf (§ 85 I 2 GO).

Entscheidungsbefugnis
- Fortsetzung -

BEACHTE:

- Die Wertgrenze für die „Erheblichkeit" von über- und außerplanmäßigen Aufwendungen und Auszahlungen ist durch die Gemeinde festzulegen (z.B. in der Haupt- oder Haushaltssatzung).
- Sind über- und außerplanmäßige Aufwendungen und Auszahlungen nicht erheblich, sind sie dem Rat zur Kenntnis zu bringen (§ 83 II 1, 2. Halbsatz GO).

Haushaltssperre

= Sperre der im Haushaltsplan enthaltenen Ermächtigungen und Verpflichtungsermächtigungen.

Voraussetzungen für eine Haushaltssperre:

- Die (negative) Entwicklung der Erträge oder der Aufwendungen oder
- die Erhaltung der Liquidität

erfordert eine Einschränkung (Sperre) der Inanspruchnahme der geplanten Ermächtigungen (§ 81 IV 1 GO, § 24 I 1 KomHVO).

Eine Haushaltssperre kann verhängt werden durch den

Rat, § 81 IV 1 GO	**Kämmerer** (Bürgermeister), § 25 I 1 KomHVO
	BEACHTE: Der Rat kann gemäß § 81 IV 2 GO die vom Kämmerer (Bürgermeister) verhängte Sperre durch Beschluss wieder aufheben.

Buchführung
(externes Rechnungswesen)

= Erfassung der mit der Bewirtschaftung des Haushalts verbundenen Geschäftsvorfälle (vgl. § 28 I KomHVO)

in Konten
(vgl. den Kontenrahmen, Anlage 17 VV Muster zur GO und KomHVO)

↓

Bestandskonten
(Aktiv- und Passivkonten)
für die Erfassung des **Vermögens**
sowie des
Eigen- und Fremdkapitals.
Für das **Eigenkapital** werden wegen
der Vielzahl der erfolgswirksamen
Geschäftsvorfälle **Erfolgskonten** als
Unterkonten eingerichtet
Die **Liquiden Mittel** als Bestandteil des
Vermögens werden in gesonderten
Finanzrechnungskonten erfasst.

Finanzrechnungs-konten
für die Erfassung der
Einzahlungen und
Auszahlungen

Erfolgskonten
für die Erfassung der
Erträge und
Aufwendungen

Bilanz

Finanzrechnung	AKTIVA	PASSIVA	Ergebnisrechnung
Ergebnis: **Liquide Mittel** (vgl. Anlage 21 VV Muster zur GO und KomHVO Zeile 41)	• Vermögen - Liquide Mittel	• Eigenkapital - Überschuss/ Fehlbetrag • Fremdkapital	Ergebnis: **Jahresergebnis** (vgl. Anlage 19 VV Muster zur GO und KomHVO Zeile 26)

Die Bestandteile Finanz, Ergebnisrechnung sowie Bilanz nennt man auch
Drei-Komponenten-System.
Alle drei Komponenten sind **Bestandteile des Jahresabschlusses**
(vgl. § 38 I KomHVO).

Grundsätze ordnungsgemäßer Buchführung (GoB)

Die GoB wurden für die kaufmännische Buchführung entwickelt. Sie haben ihre Grundlage im Handelsgesetzbuch sowie im kaufmännischen Gewohnheitsrecht. Für den kommunalen Bereich gelten die folgenden speziellen GoB:

Vollständigkeit

„**Alle** Geschäftsvorfälle (…) sind in den Büchern (…) aufzuzeichnen (§ 28 I 1 KomHVO).
„Die Eintragungen in die Bücher müssen **vollständig** (…) vorgenommen werden (…) (§ 28 II 1 KomHVO).

Richtigkeit

„Die Eintragungen in die Bücher müssen (…) **richtig** (…) vorgenommen werden (…) (§ 28 II 1 KomHVO).

= Verbot von Scheinbuchungen

Aktualität

„Die Eintragungen in die Bücher müssen (…) **zeitgerecht** (…) vorgenommen werden (…) (§ 28 II 1 KomHVO).

Verständlichkeit

„Alle Geschäftsvorfälle (…) sind (…) in den Büchern (…) **klar ersichtlich** (…) aufzuzeichnen (§ 28 I 1 KomHVO).
(…), so dass die Geschäftsvorfälle in ihrer Entstehung und Abwicklung **nachvollziehbar** sind (§ 28 II 1 KomHVO).

Grundsätze ordnungsgemäßer Buchführung (GoB)
- Fortsetzung -

Öffentlichkeit

Relevanz

= Beschränkung der Rechnungslegung auf erhebliche Daten, ohne dass darunter die Verständlichkeit leidet.

Stetigkeit

des Rechnungswesens, z.B. in § 33 I Nr. 1 KomHVO.

Rechtmäßigkeit

überwacht durch die örtliche Rechnungsprüfung (vgl. §§ 101ff GO).

Die GoB verfolgen folgende **Ziele:**
- Dokumentation der Finanzsituation
- Rechenschaft (vgl. § 96 GO)
- Kapitalerhaltung als Grundlage für eine Gerechtigkeit zwischen den Generationen (vgl. § 1 I 3 GO)

Jahresabschluss, § 95 GO, §§ 38ff KomHVO

= Nachweis über das Ergebnis der Haushaltswirtschaft des Haushaltsjahres

Der Jahresabschluss muss gemäß § 95 I 4 GO ein den tatsächlichen Verhältnissen entsprechendes Bild der

- **Vermögens- / Schuldenlage** = Wie „arm" oder „reich" ist eine Gemeinde (Saldo zwischen Vermögen und Schulden, siehe Bilanz)?
- **Ertragslage** = Wie hat sich das Eigenkapital im Haushaltsjahr verändert (Ergebnisrechnung)?
- **Finanzlage** = Wie liquide ist die Gemeinde (Finanzrechnung)?

vermitteln.

Außerdem ist er zu erläutern.

Aus diesen gesetzlichen Vorgaben lassen sich folgende Funktionen des Jahresabschlusses ableiten:

Ermittlung des Jahresergebnisses

Information über die Jahreshaushaltswirtschaft

Bestandteile

Der Jahresabschluss besteht aus

---

der **Ergebnisrechnung**,
§ 95 II 1 Nr. 1 GO, §§ 38 I 2 Nr. 1, 39 KomHVO

---

der **Finanzrechnung**,
§ 95 II 1 Nr. 2 GO, §§ 38 I 2 Nr. 2, 40 KomHVO

---

den **Teilrechnungen**,
§ 95 II 1 Nr. 3 GO, §§ 38 I 2 Nr. 3, 41 KomHVO

---

der **Bilanz**,
§ 95 II 1 Nr. 4 GO, §§ 37 I Nr. 4, 41 KomHVO

---

dem **Anhang**,
§ 95 II 2 GO, §§ 38 I 2 Nr. 5, 45ff KomHVO

Dem Jahresabschluss ist gemäß § 95 II 3 GO,
§ 37 II KomHVO ein

Lagebericht

nach § 49 KomHVO beizufügen.

Ergebnisrechnung, § 39 KomHVO

= Nachweis der dem Haushaltsjahr tatsächlich zuzurechnenden
Erträge und Aufwendungen
(Gegenstück zum Ergebnisplan)

Ertrag	Aufwand
= die von der Gemeinde innerhalb einer Abrechnungsperiode (= Haushaltsjahr) erbrachten und in Geld bewerteten Leistungen sowie die ihr zustehenden Steuern und gewährten Zuwendungen.	= die von der Gemeinde innerhalb einer Abrechnungsperiode (= Haushaltsjahr) verbrauchten Güter und Dienstleistungen.
= **Ressourcenaufkommen**	= **Ressourcenverbrauch**
Erträge **erhöhen** das Reinvermögen (Nettovermögen / **Eigenkapital**[1]); die Gemeinde baut Substanz auf.	Aufwendungen **vermindern** das Reinvermögen (Nettovermögen / **Eigenkapital**[1]); die Gemeinde lebt von ihrer Substanz.

Der Haushalt ist ausgeglichen, wenn
Ertrag ≥ Aufwand
(§ 75 II 2 GO)

BEACHTE:
- Erträge und Aufwendungen sind getrennt voneinander nachzuweisen (§ 39 I 1 KomHVO).
- Aufwendungen dürfen grds. nicht mit Erträgen verrechnet werden (§ 39 I 2 KomHVO = Bruttoprinzip).
- Die Gliederung der Ergebnisrechnung entspricht dem Ergebnisplan (§ 39 I 3 KomHVO).
- **Muster:** Anlage 19 VV Muster zur GO und KomHVO

---

[1] Die Ertrags- und Aufwandskonten (Ergebniskonten) sind Unterkonten des Eigenkapitalkontos; sie werden beim Jahresabschluss über das Bilanzkonto Eigenkapital abgeschlossen.

Finanzrechnung, § 40 KomHVO

= Nachweis der tatsächlichen (nicht ergebniswirksamen[1])
Einzahlungen und Auszahlungen im Haushaltsjahr

Einzahlung	Auszahlung
= Erhöhung des Zahlungsmittelbestandes (Bilanzposition „Liquide Mittel"[1])	= Minderung des Zahlungsmittelbestandes (Bilanzposition „Liquide Mittel"[1])

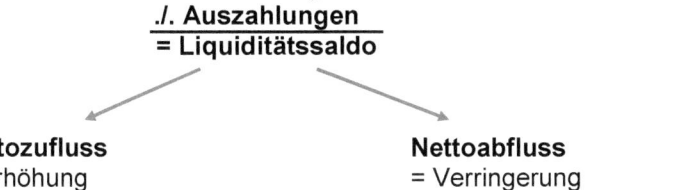

Einzahlungen
./. Auszahlungen
= Liquiditätssaldo

Nettozufluss
= Erhöhung
des Zahlungsmittelbestandes

Nettoabfluss
= Verringerung
des Zahlungsmittelbestandes

BEACHTE:
- Einzahlungen und Auszahlungen sind getrennt voneinander nachzuweisen (§ 40 Satz 1 KomHVO).
- Auszahlungen dürfen grds. nicht mit Einzahlungen verrechnet werden (§ 40 Satz 2 KomHVO = Bruttoprinzip).
- Die Gliederung der Finanzrechnung entspricht dem Finanzplan (§ 40 Satz 3 KomHVO).
- Zusätzlich sind in der Finanzrechnung
  - die Zahlungen aus der Aufnahme von Krediten zur Liquiditätssicherung gesondert auszuweisen (§ 40 Satz 4 KomHVO, Zeilen 35 und 36 der Finanzrechnung),
  - fremde Finanzmittel nach § 15 I KomHVO in Höhe der Änderung ihres Bestandes gesondert vor den gesamten liquiden Mitteln auszuweisen (§ 40 Satz 5 KomHVO, Zeile 40 der Finanzrechnung).
- **Muster:** Anlage 21 VV Muster zur GO und KomHVO

---

[1] Die Einzahlungs- und Auszahlungskonten (Finanzkonten) gehören zu den Bestandskonten, die sich aus der Auflösung des Bilanzkontos „Liquide Mittel" ergeben. So gehören z.B. die Ausgaben für die Finanzierung einer Investition in den Finanzplan; der „Verbrauch" der Anschaffung, d.h. die Abschreibung, erfolgt dann im Ergebnisplan bzw. der Ergebnisrechnung.

Ermittlung der Zahlungen

Die Ein- und Auszahlungen können für die Finanzrechnung wie folgt ermittelt werden:

---

direkte Ermittlung

---

entweder durch **Buchung** auf

Finanzmittelkonten
- Kontenklasse 18 -
(Bank, Kasse)

Die zahlungswirksamen Geschäftsvorfälle werden direkt gegen die Bestandskonten „Bank" = Konto 181 bzw. „Kasse" = Konto 182 (beides Unterkonten der Bilanzposition Liquide Mittel) gebucht.
Die Finanzkonten werden nur statistisch mitgeführt. Ihr Abschluss wird nicht in die Bilanz übertragen, sondern nur mit dem Abschluss der Finanzmittelkonten verglichen.

oder

Finanzrechnungskonten
- Kontenklasse 7 und 8 -
(Unterkonten der Finanzmittelkonten)

Die zahlungswirksamen Geschäftsvorfälle werden nicht direkt gegen die Konten „Bank" bzw. „Kasse" gebucht, sondern gegen ein in weitere Unterkonten (= Finanzkonten) aufgegliedertes Bankkonto.
Die Finanzrechnungskonten werden über das Abschlusskonto Finanzrechnung (AFR) abgeschlossen. Der Liquiditätssaldo des AFR wird über das Finanzmittelkonto abgeschlossen.

Ermittlung der Zahlungen
- Fortsetzung -

oder durch **Ableitung**

aus den
Bestands- und Erfolgskonten

Eine Buchung von Ein- und Auszahlungen auf Finanzrechnungskonten erfolgt nicht. Die Zahlungen werden wie folgt ermittelt:

   Anfangsbestand Bestandskonto
+ Summe Erfolgskonto
   (Aufwendungen bzw. Erträge)
./. Endbestand Bestandskonto
= Ein- /Auszahlungen

Eine indirekte Ermittlung

durch Rückrechnung aus dem Jahresergebnis

ist durch § 28 IV 2 KomHVO ausdrücklich
ausgeschlossen.

BEACHTE:
Wie die Gemeinde die Zahlungen ermittelt (durch Buchung oder durch Ableitung), steht in ihrem Ermessen vgl. § 28 IV 1 KomHVO).
Klausuren enthalten häufig den Hinweis, dass eine (statistische) Mitführung der Finanzmittelkonten entweder erforderlich oder nicht erforderlich ist.

Teilrechnungen, § 40 KomHVO

Teilergebnisrechnung

- Die Teilergebnisrechnungen sind entsprechend der Ergebnisrechnung zu gliedern.
- **Muster:** Anlage 20 VV Muster zur GO und KomHVO

BEACHTE:
Erträge und Aufwendungen aus internen Leistungsbeziehungen sind auszuweisen, wenn diese im Teilergebnisplan enthalten sind (vgl. § 4 III 3 KomHVO). Sie müssen sich im Ergebnisplan und in der Ergebnisrechnung insgesamt ausgleichen (§ 16 KomHVO).

Teilfinanzrechnung

- Die Teilfinanzrechnungen sind entsprechend der Finanzrechnung zu gliedern in einen

Zahlungsnachweis

- **Muster:** Anlage 22 A
  VV Muster zur GO und KomHVO

Nachweis einzelner Investitionsmaßnahmen

- **Muster:** Anlage 22 B
  VV Muster zur GO und KomHVO

Bilanz, § 42 KomHVO

Die Bilanz hat gemäß § 42 I KomHVO sämtliche Vermögensgegenstände als Anlage- oder Umlaufvermögen, das Eigenkapital und die Schulden sowie die Rechnungsabgrenzungsposten zu enthalten.
Daraus ergibt sich folgende Grobstruktur:

AKTIVA	PASSIVA
1. Anlagevermögen	1. Eigenkapital
2. Umlaufvermögen	2. Fremdkapital (Schulden)
3. Aktive Rechnungsabgrenzung	3. Passive Rechnungsabgrenzung

Die weitere Untergliederung der Bilanz erfolgt entsprechend den in § 42 III und IV KomHVO vorgegebenen Posten.
Muster: Anlage 23 VV Muster zur GO und KomHVO

BEACHTE:
- Posten der Aktivseite dürfen nicht mit Posten der Passivseite und Grundstücksrechte nicht mit Grundstückslasten verrechnet werden (§ 42 II KomHVO).
- Ein Bilanzposten, der keinen Betrag ausweist, kann entfallen, wenn nicht im Vorjahr unter diesem Posten ein Betrag ausgewiesen wurde (§ 42 V 3 KomHVO).
- Kann ein Geschäftsvorfall nicht einem der in § 42 III und IV KomHVO vorgegebenen Posten zugeordnet werden, darf der Bilanz nach Maßgabe des § 42 VI 1 KomHVO ein neuer Posten hinzugefügt werden. Dies gilt gemäß § 42 VI 2 KomHVO nicht für Wertberichtigungen zu Forderungen.
- Bilanzposten dürfen unter den in § 42 VII KomHVO näher genannten Voraussetzungen zusammengefasst werden.

Bilanzgleichgewicht

Bilanz bedeutet Waage, d.h. Aktiv- und Passivseite der Bilanz müssen ausgeglichen sein. Daraus ergeben sich folgende Bilanzgleichungen:

- Vermögen = Kapital
- Vermögen = Eigenkapital + Fremdkapital
- Eigenkapital = Vermögen - Fremdkapital
- Fremdkapital = Vermögen - Eigenkapital

Aktivposten der Bilanz

Die Aktivposten stehen auf der Aktivseite der Bilanz. Man spricht daher auch davon, dass Vermögensgegenstände „aktiviert", d.h. auf der Aktivseite der Bilanz erfasst werden (z.B. die aktivierten Eigenleistungen).

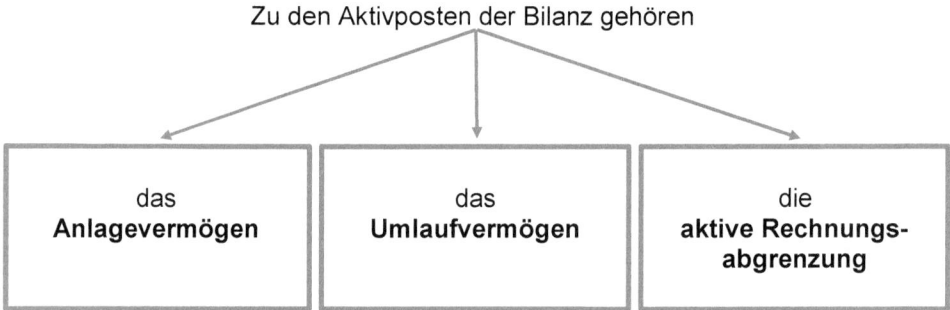

Anlagevermögen, § 34 I KomHVO

Das Wort „Anlagevermögen" besteht begrifflich aus zwei Teilen, nämlich „Vermögen" und „Anlage*vermögen*":

Vermögensgegenstand

Ein Gegenstand ist gemäß § 34 I 1 KomHVO als Vermögen in die Bilanz aufzunehmen, wenn

die Kommune das
wirtschaftliche Eigentum
daran innehat (§ 34 I 1 KomHVO).

Unter wirtschaftlichem Eigentum versteht man die eigentumsähnliche wirtschaftliche Sachherrschaft, die es der Gemeinde ermöglicht, Dritte auf Dauer von der Nutzung auszuschließen.

BEACHTE:
Entscheidend ist nicht das rechtliche, sondern allein das wirtschaftliche Eigentum; grds. fallen beide Eigentumsarten aber zusammen.

Ausnahme.: z.B. Kauf unter Eigentumsvorbehalt, Kauf von Grundstücken

UND

der Gegenstand
selbständig verwertbar ist
(§ 34 I 1 KomHVO).

Ein Gegenstand ist selbständig verwertbar, wenn er ohne Veränderung durch Veräußerung, Belastung oder Nutzungsüberlassung gegenüber Dritten in Liquidität (Geld) umgewandelt werden kann (sog. Schuldendeckungsfähigkeit). Nicht selbständig verwertbare Gegenstände sind einem für eine selbständige Verwertung geeigneten Vermögensgegenstand zuzuordnen.

BEACHTE:
Die in § 34 I KomHVO geforderte **selbständige Verwertbarkeit** ist nicht mit der in § 36 III KomHVO geregelten **selbständigen Nutzbarkeit** zu verwechseln.

Anlagevermögen
- Fortsetzung -

Anlagevermögen

Gegenbegriff: Umlaufvermögen

Als Anlagevermögen sind gemäß § 34 I 2 KomHVO nur die (Vermögens-) Gegenstände auszuweisen, die dazu bestimmt sind, **dauernd** der Aufgabenerfüllung der Kommune zu dienen.

Dazu zählen alle Vermögensgegenstände der Kommune, deren **Zweckbestimmung** darin besteht, dem **Geschäftsbetrieb** der Kommune **dauerhaft**, d.h. über mehrere Jahre, **zu dienen**, d.h. die nicht zur Veräußerung, zum Verbrauch oder nur zur kurzfristigen Nutzung vorgesehen sind.

geringwertiges Anlagevermögen
(= geringwertige Wirtschaftsgüter – GWG)

Vermögensgegenstände des Anlagevermögens,
- deren Anschaffungs- oder Herstellungskosten ohne Umsatzsteuer wertmäßig den Betrag von 800 Euro nicht übersteigen
- die selbständig genutzt werden können und
- einer Abnutzung unterliegen

können gemäß § 36 III 1 KomHVO im laufenden Haushaltsjahr unmittelbar als Aufwand verbucht werden. In diesem Fall wird die Auszahlung gemäß § 36 III 2 KomHVO der laufenden Verwaltungstätigkeit zugeordnet (Konto 729).

Selbständige Nutzbarkeit liegt vor, wenn der Vermögensgegenstand seiner Zweckbestimmung nach ohne andere Vermögensgegenstände genutzt werden kann.

Anlagevermögen
Abschreibungen, § 36 KomHVO

Vermögensgegenstände des Anlagevermögens, deren Nutzung zeitlich begrenzt ist, sind gemäß § 36 I KomHVO planmäßig abzuschreiben.
Abschreibung bedeutet, dass der durch die Abnutzung des Anlagevermögens verursachte Wertverlust ergebniswirksam (= als Aufwand – Kontengruppe 57) erfasst wird.

Voraussetzungen des § 36 I KomHVO:

1. Vermögensgegenstand des Anlagevermögens (§ 34 I KomHVO)
2. zeitlich begrenzte Nutzung des Gegenstandes
   Grundsätzlich ist die Nutzung von Gegenständen des Anlagevermögens zeitlich begrenzt.

   Ausnahme: Bei Grundstücken und Kunstgegenständen ist die Nutzung nicht zeitlich begrenzt; sie werden daher nicht planmäßig abgeschrieben. Eine außerplanmäßige Abschreibung ist jedoch unter den Voraussetzungen des § 36 VI und VII KomHVO möglich.

   Die **Bestimmung der Nutzungsdauer** erfolgt nach Maßgabe der vom Innenministerium bekannt gegebenen Abschreibungstabelle (Anlage 16 VV Muster zur GO und KomHVO) unter Berücksichtigung der örtlichen Verhältnisse durch die Gemeinde in einer **örtlichen Abschreibungstabelle** (§ 36 III KomHVO).
   Abweichungen von der örtlichen Abschreibungstabelle sind in begründeten Fällen möglich; sie sind gemäß § 45 II Nr. 6 KomHVO im Anhang gesondert anzugeben und zu erläutern.

   Beginnt die **Nutzung unterjährig**, ist der (volle) Monat des Nutzungsbeginns für den Beginn der Abschreibung maßgeblich (keine tageweise Berechnung). Der Monat, in dem die Nutzung endet, bleibt dagegen unberücksichtigt.

   BEACHTE: Das Kaufdatum bzw. der Zeitpunkt der Fertigstellung eines Vermögensgegenstandes und der Nutzungsbeginn können zeitlich auseinanderfallen. Nach dem Wortlaut des § 36 I 2 KomHVO („genutzt wird") kommt es für den Beginn der Abschreibung dann ausschließlich auf den Zeitpunkt des tatsächlichen Nutzungsbeginns an.

   Unter den in § 36 II KomHVO genannten Voraussetzung können bei Gebäuden sowie Straßen, Wegen und Plätzen für bestimmte Komponenten (Bauwerk – Dach – Fenster, Deckschicht – Unterbau) unterschiedliche Nutzungsdauern bestimmt werden.

Anlagevermögen
Abschreibungen, § 36 KomHVO
- Fortsetzung -

Verlängert sich durch die Instandsetzung eines Vermögensgegenstandes dessen Nutzungsdauer, ist die Restnutzungsdauer neu zu bestimmen (§ 36 V 1 KomHVO).
Bei einer voraussichtlichen dauernden Wertminderung ist die Restnutzungsdauer zu verkürzen (§ 36 V 2 KomHVO).

planmäßige Abschreibungen

Planmäßige Abschreibungen erfolgen gemäß § 36 I 2 KomHVO in der Regel durch eine lineare Verteilung der Anschaffungs- (§ 34 II KomHVO) oder Herstellungskosten (§ 34 III KomHVO) auf die Haushaltsjahre, in denen der Vermögensgegenstand voraussichtlich genutzt wird (= lineare Abschreibung).

jährliche Abschreibung = $\dfrac{\text{Anschaffungs- oder Herstellungskosten}}{\text{Nutzungsdauer}}$

Wenn es dem Ressourcenverbrauch besser entspricht, kann die Abschreibung auch degressiv oder nach Leistung erfolgen (§ 36 I 3 KomHVO). Eine solche Abweichung von der standardmäßig vorgesehenen linearen Abschreibung ist gemäß § 45 II Nr. 6 KomHVO im Anhang gesondert anzugeben und zu erläutern.

außerplanmäßige Abschreibungen

Erhebliche dauernde Wertminderungen aus wirtschaftlichen oder technischen Gründen führen gemäß § 36 VI und VII KomHVO zu außerplanmäßigen Abschreibungen.

Beispiel: Beschädigung eines Gegenstandes

BEACHTE: Entfällt der Grund für die dauernde Wertminderung, ist die außerplanmäßige Abschreibung rückgängig zu machen. Die Beseitigung der Unterbewertung erfolgt über eine **Zuschreibung** (§ 36 IX KomHVO).

Gliederung des Anlagevermögens

Das Anlagevermögen gliedert sich gemäß § 42 III KomHVO in

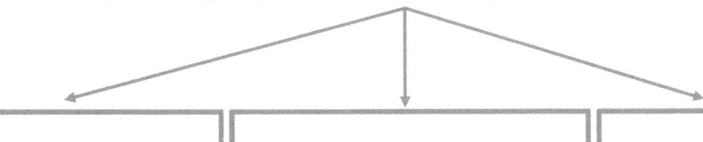

| immaterielle Vermögensgegenstände | Sachanlagen (= materielle Vermögensgegenstände) | Finanzanlagen |

immaterielle Vermögensgegenstände
(immaterielles Anlagevermögen)

Inhalt

Im Gegensatz zu den materiellen Vermögensgegenständen (Sachanlagen) gliedert § 42 III KomHVO die immateriellen Vermögensgegenstände nicht weiter auf. Was zu den immateriellen Vermögensgegenständen zählt, ergibt sich aus den (unverbindlichen) Kontenarten des (verbindlichen) Kontierungsplans (Anlage 18 VV Muster zur GO und KomHVO - vgl. für die Klausur die Kontengruppe 01 des Kontenplans für die Ausbildung an der FHöV). Danach sind immaterielle Vermögensgegenstände

- Konzessionen (Konto 011)
- DV-Software (Konto 012)
- Patente, Nutzungsrechte (Konto 013).

BEACHTE:
Gemäß § 44 I KomHVO dürfen immaterielle Vermögensgegenstände des Anlagevermögens, die

- nicht entgeltlich erworben oder
- selbst hergestellt wurden (z.B. selbst erstellte Software)

nicht aktiviert, d.h. nicht in die Bilanz aufgenommen werden (sog. Aktivierungsverbot).

Entgeltlich ist ein Erwerb, dem ein Austausch von Leistungen (nicht unbedingt Geld!) zugrunde liegt. Der Austausch der Leistungen kann z.B. auch in einem Tausch bestehen.

Sachanlagen
- Erläuterung der einzelnen Bilanzposten -

Hinweis: Konkretisierungen zu den einzelnen Bilanzposten finden sich im Kontenplan für die Ausbildung an der FHöV bzw. im kommunalen Kontierungsplan (Anlage 18 VV Muster zur GO und KomHVO).

§ 42 III		
1.2	Sachanlagen	= materielle Vermögensgegenstände
1.2.1	Unbebaute Grundstücke und grundstücksgleiche Rechte	• **unbebaute Grundstücke** sind Grundstücke, auf denen sich keine benutzbaren Gebäude befinden (§ 72 I 1 Bewertungsgesetz-BewG). • **Grundstück** = Grund und Boden • **Gebäude** sind selbständig nutzbare Bauwerke, die auf Dauer errichtet sind und von Menschen betreten werden können sowie geeignet oder bestimmt sind, dem Schutz von Menschen, Tieren oder Sachen zu dienen. Auf eine Umschließung durch Wände kommt es nicht an; eine Überdachung ist ausreichend. • Die Benutzbarkeit beginnt im Zeitpunkt der Bezugsfertigkeit. Gebäude sind als bezugsfertig anzusehen, wenn den zukünftigen Bewohnern oder sonstigen Benutzern zugemutet werden kann, sie zu benutzen; die Abnahme durch die Bauverwaltung ist nicht entscheidend (§ 72 I 2 und 3 BewG). • Befinden sich auf einem Grundstück Gebäude, deren Zweckbestimmung und Wert gegenüber der Zweckbestimmung und dem Wert des Grund und Bodens von untergeordneter Bedeutung sind, so gilt das Grundstück als unbebaut (§ 72 II BewG). • **grundstücksgleiche Rechte** sind dingliche Rechte, die aufgrund einer Eintragung im Grundbuch wie Grundstücke zu behandeln sind (z.B. Wohnungseigentums-, Erbbaurechte).

Sachanlagen
- Erläuterung der einzelnen Bilanzposten -
- Fortsetzung -

§ 42 III		
1.2.2	Bebaute Grundstücke und grundstücksgleiche Rechte	• **Grundstück** = wirtschaftliche Einheit des Grundvermögens • **Grundvermögen** = neben dem Grund und Boden gehören zum Grundvermögen auch die Gebäude (§§ 70 I, 68 BewG, §§ 93, 94 I BGB). • **Gebäude** (s.o.) • **grundstücksgleiche Rechte** (s.o.)
1.2.3	Infrastrukturvermögen	= Verkehrseinrichtungen sowie Ver- und Entsorgungseinrichtungen BEACHTE: Der Grund und Boden des Infrastrukturvermögens wird unabhängig von der Möglichkeit einer Mehrfachnutzung (Bsp. U-Bahn = Tunnel und Gleisanlagen) als Sammelposition (1.2.3.1) ausgewiesen.
1.2.4	Bauten auf fremden Grund und Boden	Die Gemeinde ist nicht Eigentümerin des Grund und Bodens, auf dem sich ihr Bau befindet. Sie hat ferner kein dingliches Recht im Grundbuch eintragen lassen (= grundstücksgleiches Recht, Nr. 1.2.2).
1.2.5	Kunstgegenstände, Kulturdenkmäler	Vermögensgegenstände, deren Erhaltung wegen ihrer Bedeutung für Kunst, Kultur und Geschichte im Interesse der Allgemeinheit liegt.
1.2.6	Maschinen und technische Anlagen, Fahrzeuge	**Maschinen und technische Anlagen** = sämtliche vom unbeweglichen Vermögen abgegrenzta, d.h. nicht mit Gebäuden oder Grundstücken fest verbundene Betriebsvorrichtungen. Sie müssen ferner selbständig bewertbar sein.

Sachanlagen
- Erläuterung der einzelnen Bilanzposten -
- Fortsetzung -

		Fahrzeuge = alle Fortbewegungsmittel, die dem Transport von Personen oder Sachen dienen (z.B. auch Fahrräder).
1.2.7	Betriebs- und Geschäftsausstattung	Abgrenzung zu der Position „Maschinen und technische Anlagen": Gegenstände der Betriebs- und Geschäftsausstattung (z.B. Kopierer) sind im Gegensatz zu Maschinen und technischen Anlagen (z.B. Druckmaschine) weniger komplex.
1.2.8	Geleistete Anzahlungen, Anlagen im Bau	• **Anzahlung** = Teilzahlung für einen Vermögensgegenstand, der sich noch nicht im wirtschaftlichen Eigentum der Gemeinde befindet. Erhält die Gemeinde das wirtschaftliche Eigentum, ist die Anzahlung auf die für den Vermögensgegenstand einschlägige Bilanzposition umzubuchen. • **Anlagen im Bau** = unfertige Vermögensgegenstände Während der Herstellungsphase werden die bereits aktivierungsfähigen Anschaffungs- und Herstellungskosten auf der Position „Anlagen im Bau" gesammelt (vgl. § 56 V 1 KomHVO). Nach Fertigstellung der Anlage werden sie auf die für den fertigen Vermögensgegenstand einschlägige Bilanzposition umgebucht. BEACHTE: Planmäßige Abschreibungen dürfen für die Position „Anlagen im Bau" nicht vorgenommen werden. Außerordentliche Abschreibungen sind möglich, wenn bereits während der Herstellungsphase eine dauerhafte Wertminderung eintritt (vgl. § 56 V 2 KomHVO).

Finanzanlagen
- Erläuterung der einzelnen Bilanzposten -

§ 42 III		
1.3	Finanzanlagen	Abgrenzung zum Umlaufvermögen: Dauer der Anlage • Bei Unternehmensverbindungen richtet sich die Dauer nach dem Willen der Gemeinde. • Wertpapiere sind grundsätzlich als Anlagevermögen zu aktivieren (vgl. § 55 VII 2 KomHVO). Sie sind nur dann als Umlaufvermögen anzusetzen, wenn sie zur Veräußerung oder als kurzfristige Anlage liquider Mittel bis zu einem Jahr bestimmt sind (vgl. § 56 VII 3 KomHVO). • Für die zeitliche Abgrenzung von Ausleihungen zu Forderungen des Umlaufvermögens gibt es keine gesetzliche Frist. Im Sinne einer einheitlichen Handhabung dürfte es aber vertretbar sein, die in § 56 VII 3 KomHVO für Wertpapiere geregelte Jahresfrist entsprechend anzuwenden.
1.3.1	Anteile an verbundenen Unternehmen	• verbundene Unternehmen Im kommunalen Haushaltsrecht gibt es keine entsprechende Definition. Zur Begriffsbestimmung muss daher auf handels- oder wettbewerbsrechtliche Vorschriften zurückgegriffen werden: • handelsrechtlich: Unternehmen, das als Mutter- oder Tochterunternehmen i.S.d. § 290 I Handelsgesetzbuch (HGB) gilt. Dabei kommt es auf die Rechtsform und den Sitz des Unternehmens nicht an. • wettbewerbsrechtlich: Unternehmen, auf die die Gemeinde unmittelbar oder mittelbar einen beherrschenden Einfluss ausüben kann, insbesondere aufgrund der Eigentums-

Finanzanlagen
- Erläuterung der einzelnen Bilanzposten -
- Fortsetzung -

		verhältnisse, der finanziellen Beteiligung oder der für das Unternehmen geltenden Vorschriften. Dabei wird (widerlegbar) vermutet, dass ein beherrschender Einfluss ausgeübt wird, wenn die Gemeinde 1. die Mehrheit des gezeichneten Kapitals des Unternehmens besitzt oder 2. über die Mehrheit der mit den Anteilen des Unternehmens verbundenen Stimmrechte verfügt oder 3. mehr als die Hälfte der Mitglieder des Verwaltungs-, Leitungs- oder Aufsichtsorgans bestellen kann. • **Anteile** Auf die Art der Anteile kommt es nicht an. Entscheidend ist, dass durch den Anteil (die Beteiligung) die Beherrschung als Voraussetzung für ein verbundenes Unternehmen zum Ausdruck kommt (vgl. §§ 16ff AktG). BEACHTE: Liegen die Voraussetzungen für ein verbundenes Unternehmen nicht vor, können die Anteile in der Bilanz als Beteiligung (siehe nachfolgende Nummer 1.3.2) ausgewiesen werden.
1.3.2	**Beteiligungen**	= Anteile der Gemeinde an anderen Unternehmen oder Einrichtungen, die dazu bestimmt sind, dem eigenen Geschäftsbetrieb durch Herstellung einer <u>dauernden</u> (daher Anlagevermögen) Verbindung zu jenen Unternehmen zu dienen (§ 271 I HGB).

Finanzanlagen
- Erläuterung der einzelnen Bilanzposten -
- Fortsetzung -

		BEACHTE: Ab einem Anteil am Nennkapital von mehr als 20% wird eine Beteiligung vermutet. Eine Bilanzierung als Beteiligung kann jedoch auch unter der 20% Grenze erfolgen, da es auf den Umfang der Beteiligung nicht ankommt. Wird die Vermutung widerlegt oder ein unterhalb der 20% Grenze liegender Anteil nicht als Beteiligung bilanziert, erfolgt der Ausweis in der Bilanz unter dem Posten „Wertpapiere des Anlagevermögens".
1.3.3	Sondervermögen	Gemäß § 97 I GO zählen zum Sondervermögen 1. das **Gemeindegliedervermögen** = Vermögen, dessen Ertrag nicht der Gemeinde, sondern sonstigen Berechtigten - aufgrund von z.B. Nutzungsrechten - zusteht (§ 99 I GO) 2. das Vermögen der rechtlich unselbständigen örtlichen Stiftungen (§ 100 GO) 3. wirtschaftliche Unternehmen (§ 114 GO) und organisatorisch verselbständigte Einrichtungen (§ 107 II GO) ohne eigene Rechtspersönlichkeit 4. rechtlich unselbständige Versorgungs- und Versicherungseinrichtungen
1.3.4	Wertpapiere des Anlagevermögens	Dass Wertpapiere als Anlagevermögen zu aktivieren sind, ergibt sich aus § 56 VII 2 KomHVO. Zu den Wertpapieren zählen:

Finanzanlagen
- Erläuterung der einzelnen Bilanzposten -
- Fortsetzung -

		• Anteile an Unternehmen (z.B. in Form von Aktien) mit Ausnahme der Anteile an verbundenen Unternehmen (fallen unter Posten 1.3.1 des Anlagevermögens) sowie der Beteiligungen (fallen unter Posten 1.3.2 des Anlagevermögens). • sonstige Wertpapiere (z.B. Anleihen, Obligationen oder Pfandbriefe) BEACHTE: Wertpapiere sind als Umlaufvermögen anzusetzen, wenn sie zur Veräußerung oder als kurzfristige Anlage liquider Mittel bis zu einem Jahr bestimmt sind (§ 56 VII 3 KomHVO).
1.3.5	**Ausleihungen**	= langfristige (Mindestlaufzeit 1 Jahr) Überlassung von Finanzmitteln durch z.B. Darlehen und Hypotheken.

Umlaufvermögen

= alle Vermögensgegenstände bzw. Vorräte der Gemeinde, deren Zweckbestimmung darin besteht, dem Geschäftsbetrieb der Gemeinde nur vorübergehend (= nicht dauerhaft – Abgrenzung zum Anlagevermögen) zu dienen. In der Regel sind dies Gegenstände, die kurzfristig zum Verbrauch oder Verkauf vorgesehen sind.

Gliederung des Umlaufvermögens

Das Umlaufvermögen gliedert sich gemäß § 42 III KomHVO in

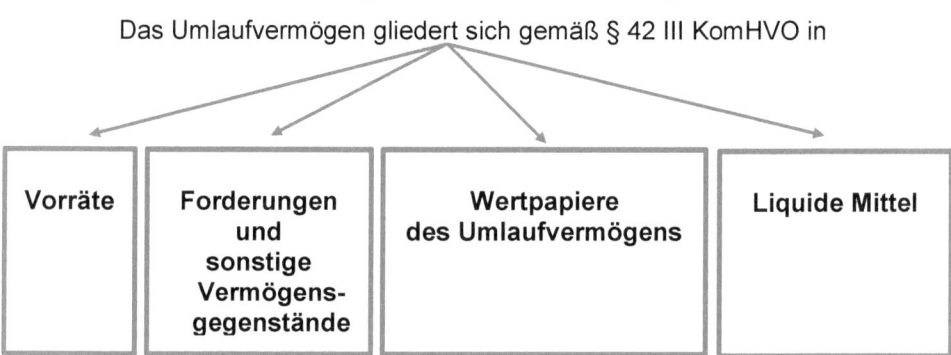

| Vorräte | Forderungen und sonstige Vermögensgegenstände | Wertpapiere des Umlaufvermögens | Liquide Mittel |

Vorräte
- Erläuterung der einzelnen Bilanzposten -

§ 42 III		
2.1	Vorräte	
2.1.1	Roh-, Hilfs- und Betriebsstoffe, Waren	• **Rohstoffe** = Stoffe, die nach der Be- oder Verarbeitung zum Hauptbestandteil des Erzeugnisses werden, d.h. aus denen das Erzeugnis im Wesentlichen besteht. BEACHTE: Die Herstellung von Erzeugnissen gehört nicht zu den Hauptaufgaben der Gemeinden. Im Vordergrund steht vielmehr die Erbringung von Dienstleistungen. • **Hilfsstoffe** = Stoffe, die in das Erzeugnis hineingearbeitet werden (sog. Nebenbestandteile). BEACHTE: Da das Haupterzeugnis der Gemeinden die Dienstleistung ist, gehören hierher alle Stoffe, die bei deren Erstellung helfen (z.B. Papier). • **Betriebsstoffe** = Stoffe, die nur mittelbar der Herstellung dienen, also nicht in das Erzeugnis eingehen; sie werden bei der Herstellung verbraucht (z.B. Treibstoff). • **Waren** = gekaufte oder anderweitig beschaffte Gegenstände, die ohne weitere Be- oder Verarbeitung weiterveräußert werden (z.B. Broschüren, Stammbücher).
2.1.2	Geleistete Anzahlungen	= Zahlungen für Vermögensgegenstände, die sich noch nicht im Besitz der Gemeinde befinden.

Forderungen und sonstige Vermögensgegenstände
- Erläuterung der einzelnen Bilanzposten -

§ 42 III		
2.2	Forderungen und sonstige Vermögensgegenstände	
2.2.1	Öffentlich-rechtliche Forderungen und Forderungen aus Transferleistungen	• **Öffentlich-rechtliche Forderungen** = Gebühren-, Beitrags- und Steuerforderungen sowie sonstige öffentlich-rechtliche Forderungen (z.B. Strafen und Bußen) • **Transferleistungen** = Finanzmittel, die die Gemeinde nach öffentlichem Recht zur Erfüllung ihrer Aufgaben erhält a) zweckgebunden zur Erfüllung bestimmter Aufgaben (z.B. Landeszuweisungen für bestimmte Projekte) b) ohne konkrete Gegenleistung, soweit es sich nicht um Steuern handelt (z.B. Schlüsselzuweisungen im Rahmen des Finanzausgleichs)
2.2.2	Privatrechtliche Forderungen	= Forderungen aufgrund eines privatrechtlichen Schuldverhältnisses (vgl. § 241 BGB)
2.2.3	Sonstige Vermögensgegenstände	Auffangposition für alle Forderungen gegen Dritte, die keinem speziellen Bilanzposten zugeordnet werden können (z.B. Schadensersatzansprüche, Forderungen aus Versicherungsleistungen).

Wertpapiere des Umlaufvermögens
und
Liquide Mittel
- Erläuterung der einzelnen Bilanzposten -

§ 42 III		
2.3	**Wertpapiere des Umlaufvermögens**	= Wertpapiere ohne längerfristige Bindung (≤ 1 Jahr, § 56 VII 3 KomHVO)
2.4	**Liquide Mittel**	= Finanzmittel der Gemeinde zur Begleichung ihrer fälligen Zahlungsverpflichtungen in Form von • Bargeld • Schecks • Bankguthaben BEACHTE: Der Bilanzposten der „Liquiden Mittel" wird durch das Ergebnis der Finanzrechnung (Einzahlungen ./. Auszahlungen = Liquiditätssaldo) beeinflusst.

Aktive Rechnungsabgrenzung
- Erläuterung des Bilanzpostens -

§ 42 III		
3.	Aktive Rechnungs- abgrenzung	**Aktive Rechnungsabgrenzungsposten** = vor dem Abschlussstichtag (31.12.) geleistete Ausgaben, soweit sie Aufwand für eine bestimmte Zeit nach diesem Tag darstellen (§ 43 I KomHVO). BEACHTE: Ist der Rückzahlungsbetrag einer Verbindlichkeit höher als der Auszahlungsbetrag, so darf der Unterschiedsbetrag gemäß § 43 II 1 KomHVO in den aktiven Rechnungsabgrenzungsposten aufgenommen werden. Gemäß § 43 II 2 KomHVO ist der Unterschiedsbetrag dann durch planmäßige jährliche Abschreibungen aufzulösen, die auf die gesamte Laufzeit der Verbindlichkeit verteilt werden können. • aus geleisteten Zuwendungen der Gemeinde (§ 44 II KomHVO) a) wenn die Gemeinde das wirtschaftliche (nicht das rechtliche, vgl. § 34 I 1 KomHVO) Eigentum an dem von ihr geförderten Vermögensgegenstand hat: Der Gegenstand ist gemäß § 44 II 1 KomHVO zu aktivieren (= kein Fall der aktiven Rechnungsabgrenzung). b) wenn die Gemeinde zwar nicht das wirtschaftliche Eigentum an dem von ihr geförderten Vermögensgegenstand hat, die Förderung (Zuwendung) jedoch mit einer mehrjährigen einklagbaren Gegenleistungsverpflichtung des geförderten Dritten verbunden ist: Die Gegenleistungsverpflichtung ist als eine Vermögensposition der Gemeinde zu bewerten. Sie ist aufgrund der Mehrjährigkeit als Rechnungsabgrenzung zu aktivieren und entsprechend ihrer zeitlichen Erfüllung aufzulösen (§ 44 II 2 KomHVO).

Passivposten der Bilanz

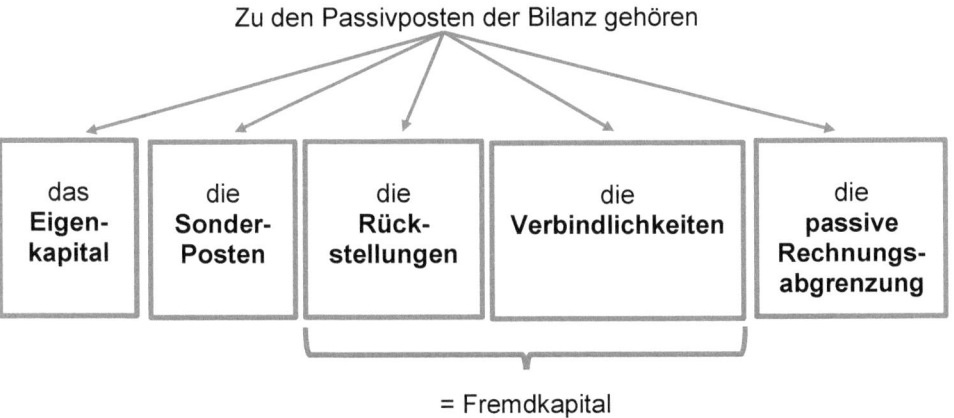

Eigenkapital
- Erläuterung der einzelnen Bilanzposten -

§ 42 IV		

1.	Eigenkapital	**1. Berechnung für die Eröffnungsbilanz:**
		
		Vermögen (Aktiva)
		./. <u>Schulden</u> (Passiva außer dem Posten „Allgemeine Rücklage" – s.u.)
		= Eigenkapital
		
		2. Veränderung in den Folgebilanzen:
		a) **Erhöhung** durch
		   aa) Umschichtung der Sonderrücklage (§ 44 IV 3 KomHVO)
		   bb) Zuführung des Jahresüberschusses
		b) **Verminderung** durch Jahresfehlbetrag

1.1	Allgemeine Rücklage	Die Höhe der allgemeinen Rücklage ergibt sich aus der Gegenüberstellung sämtlicher Aktiv- und Passivposten der Bilanz mit Ausnahme der Position der allgemeinen Rücklage selbst. Ist das Ergebnis der Gegenüberstellung a) ein positiver Saldo, ist dieser gleichzusetzen mit der Höhe der allgemeinen Rücklage. b) ein negativer Saldo, ist der entsprechende Betrag auf der Aktivseite der Bilanz unter der Bezeichnung „Nicht durch Eigenkapital gedeckter Fehlbetrag" gesondert auszuweisen (vgl. § 44 VII KomHVO).
1.2	Sonderrücklagen	**Zuwendungsrücklage**, § 44 IV 1 KomHVO Erhält die Gemeinde Zuwendungen für die Anschaffung oder Herstellung von Vermögensgegenständen, deren ertragswirksame Auflösung durch den Zuwendungsgeber ausgeschlossen wurde, sind diese in Höhe des noch nicht aktivierten Anteils der Vermögensgegenstände in einer Sonderrücklage zu passivieren.

Eigenkapital
- Erläuterung der einzelnen Bilanzposten -
- Fortsetzung -

1.3	Ausgleichsrücklage	= Rücklage zum Ausgleich von Schwankungen des Jahresergebnisses (vgl. § 75 III GO).
1.4	Jahresüberschuss/ Jahresfehlbetrag	= Saldo aus der jährlichen Ergebnisrechnung (Zeile 26 Anlage 19 VV Muster zur GO und KomHVO).

Sonderposten
- Erläuterung der einzelnen Bilanzposten -

§ 42 IV		
2.	Sonderposten	Erhält die Gemeinde Zuwendungen von Dritten zur Finanzierung ihres Anlagevermögens, reduzieren diese die Anschaffungs- oder Herstellungskosten. In der Bilanz kann diese teilweise Fremdfinanzierung wie folgt berücksichtigt werden: a) Die Zuwendung reduziert direkt die Anschaffungs- oder Herstellungskosten (= den Wert des Anlagevermögens) auf der Aktivseite der Bilanz, d.h. es wird mit der Zuwendung aufgerechnet. Diese **Aufrechnung** (Saldierung) verstößt gegen das Bruttoprinzip (§ 11 II KomHVO) und ist **unzulässig**. b) Die Zuwendung wird auf der Passivseite als Sonderposten ausgewiesen (vgl. § 44 V KomHVO) und stellt damit eine Gegenposition zu dem auf der Aktivseite ausgewiesenen Vermögensgegenstand dar. Der Sonderposten wird entsprechend der Abschreibung des Vermögensgegenstandes aufgelöst (vgl. § 44 V 2 KomHVO); dabei ist er hinsichtlich der Nutzungsdauer und des Abschreibungsverfahrens wie der zugehörige Vermögensgegenstand zu behandeln. Durch die Auflösung des Sonderpostens werden die Aufwendungen für die Abschreibung entsprechend gemindert.
2.1	für Zuwendungen	Erhaltene Zuwendungen für Investitionen, die im Rahmen einer *Zweck*bindung bewilligt und *gezahlt* werden, sind als Sonderposten auf der Passivseite zwischen dem Eigenkapital und den Rückstellungen anzusetzen (§ 44 V 1 KomHVO).

Sonderposten
- Erläuterung der einzelnen Bilanzposten -
- Fortsetzung -

		Denkbar sind folgende vier Konstellationen, wobei die Nr. 1 der Regelung des § 44 V KomHVO entspricht (alle Tatbestandsmerkmale sind erfüllt):				
			Zahlung	Zweck	Folge für die Bilanzierung	
					Aktivseite	Passivseite
		1.	erfolgt	erfüllt	Liquide Mittel	Sonderposten für Zuwendungen (Konto 231)
		2.	erfolgt	noch nicht erfüllt	Liquide Mittel	erhaltene Anzahlungen (Konto 376)
		3.	noch nicht erfolgt	erfüllt	Forderungen aus Transferleistungen (Konto 164)	Sonderposten für Zuwendungen (Konto 231)
		4.	nicht erfolgt	nicht erfüllt	kein Ausweis in der Bilanz	
2.2	für Beiträge	Beiträge sind Geldleistungen, die dem Ersatz des Aufwandes für die Herstellung, Anschaffung und Erweiterung öffentlicher Einrichtungen und Anlagen dienen (vgl. § 8 II KAG). Ihr Ausweis in der Bilanz erfolgt daher in gleicher Weise wie bei den Zuwendungen (vgl. § 44 V KomHVO, der sich ausdrücklich auch auf erhaltene Beiträge bezieht).				
		BEACHTE: Wurden die Beiträge innerhalb der Verjährungsfristen noch nicht erhoben (Festsetzungsverjährung 4 Jahre, § 12 I Nr. 4b KAG i.V.m. § 169 II Nr. 2 AO) oder gezahlt (Zahlungsverjährung 5 Jahre, § 12 I Nr. 5a KAG i.V.m. § 228 AO), obwohl die öffentliche Einrichtung oder Anlage bereits fertiggestellt ist, ist dies im Anhang zur Bilanz anzugeben (§ 45 II Nr. 7 KomHVO).				

Sonderposten
- Erläuterung der einzelnen Bilanzposten -
- Fortsetzung -

2.3	für den Gebühren-ausgleich	Kostenüberdeckungen der kostenrechnenden Einrichtungen am Ende eines Kalkulationszeitraumes, die nach § 6 KAG in den folgenden 3 Jahren ausgeglichen werden müssen, sind als Sonderposten für den Gebührenausgleich anzusetzen (§ 44 VI KomHVO). Sobald die Überdeckung gebührenmindernd in der Kalkulation berücksichtigt wird, ist der Sonderposten entsprechend aufzulösen.
2.4	Sonstige Sonderposten	Sammelposition für Sachverhalte, die nicht durch die Nummern 2.1 bis 2.3 erfasst werden. Bsp.: Freikauf von einer gesetzlichen Verpflichtung (z.B. zur Erstellung von Stellplätzen), die die Gemeinde gegen Zahlung einer Ablösesumme übernimmt.

Sachspenden

Sachspenden an die Gemeinde sind grds. wie Zuwendungen zu behandeln. Folgende Konstellationen sind möglich:

---

1. Die Gemeinde erhält das wirtschaftliche Eigentum an der Sache.

Folge: Soweit die Sache selbständig verwertbar ist, ist sie als Vermögensgegenstand in die Bilanz aufzunehmen (vgl. § 34 I 1 KomHVO). Dabei ist nach der Nutzungsdauer zu unterscheiden zwischen

---

Anlagevermögen
(§ 34 I 2 KomHVO)

- Der Vermögensgegenstand ist zu aktivieren.
- Daneben ist er in gleicher Höhe als Sonderposten (§ 42 IV Nr. 2.1 KomHVO) zu passivieren.

Die Auflösung des Sonderpostens richtet sich danach, ob der Gegenstand

Umlaufvermögen

Der gespendete Vermögensgegenstand ist als Ertrag in der Ergebnisrechnung zu berücksichtigen (§ 2 I Nr. 2 KomHVO).

---

abnutzbar ist.

Die Auflösung richtet sich dann nach der Abschreibung des Vermögensgegenstandes.

nicht abnutzbar ist.
(Bsp.: Grundstücke).

Die Auflösung erfolgt dann durch Zuführung zur allgemeinen Rücklage.

Exkurs: Bewertung von Sachspenden

Grundsätzlich sind Vermögensgegenstände nach ihren Anschaffungs- oder Herstellungskosten zu bewerten (vgl. § 34 KomHVO). Bei einer Spende betragen sie jedoch 0 Euro. Sachspenden sind daher nach ihrem Zeitwert zu bewerten. Dieser Wert wird als "fiktive" Anschaffungskosten übernommen. Als Anhaltspunkt kann z.B. die Höhe der für die Spende ausgewiesenen Spendenbescheinigung dienen. Ansonsten ist der Zeitwert vorsichtig zu schätzen.
Ist eine Bewertung objektiv aufgrund der Geringfügigkeit der Spende nicht möglich, kann von der Berücksichtigung der (unwesentlichen) Sachspende abgesehen werden. Hierfür kann die Gemeinde generell eine Bagatellgrenze festlegen.

Rückstellungen
- Erläuterung der einzelnen Bilanzposten -

§ 42 IV		
3.	Rückstellungen	= Verpflichtungen, die hinsichtlich ihrer Entstehung und/oder Höhe ungewiss sind (vgl. § 88 GO, § 37 V 1 KomHVO). BEACHTE: • Die Rückstellungsarten sind in § 37 KomHVO geregelt. Sonstige Rückstellungen dürfen nur gebildet werden, soweit diese durch Gesetz oder Rechtsverordnung zugelassen sind (§ 37 VII 1 KomHVO). • Rückstellungen sind aufzulösen, wenn der Grund hierfür entfallen ist (§ 36 VII 2 KomHVO).
3.1	Pensionsrückstellungen	= alle Pensionsverpflichtungen nach beamtenrechtlichen Vorschriften, insbesondere bestehende Versorgungsansprüche, Anwartschaften und andere fortgeltende Ansprüche nach dem Ausscheiden aus dem Dienst (vgl. § 37 I KomHVO).
3.2	Rückstellungen für Deponien und Altlasten	= für deren Rekultivierung und Nachsorge (vgl. § 37 III KomHVO).
3.3	Instandhaltungsrückstellungen	= Rückstellung für die unterlassene Instandhaltung von Sachanlagen (vgl. § 37 IV KomHVO). Auch wenn die Instandhaltung erst zu einem späteren Zeitpunkt erfolgt, belastet der damit verbundene Aufwand durch die Bildung der Rückstellung das Jahr, in dem die Instandhaltung eigentlich hätte erfolgen müssen. • **Instandhaltung** = kleinere Reparaturen am Sachanlagevermögen, die der Werterhaltung, nicht aber der Wertsteigerung dienen.

Rückstellungen
- Erläuterung der einzelnen Bilanzposten -
- Fortsetzung -

		Voraussetzungen für die Bildung der Rückstellung: • Die Nachholung der Instandsetzung muss hinreichend konkret beabsichtigt sein (§ 37 IV 1 KomHVO), z.B. der Rat hat die Nachholung beschlossen oder die Ausschreibung hat bereits begonnen. • Die Instandhaltung muss als bisher unterlassen bewertet werden (§ 37 IV 1 KomHVO), d.h. der als Rückstellung vorgesehene Aufwand muss im laufenden Haushaltsjahr oder früher entstanden sein. • Der genaue Zeitpunkt und/oder Umfang der Instandhaltung muss unbestimmt sein (allgemeines Merkmal einer Rückstellung, s.o.). BEACHTE: Wird keine Instandhaltungsrückstellung gebildet, ist zu prüfen, ob eine außerplanmäßige Abschreibung des Vermögensgegenstandes in Betracht kommt (vgl. § 36 VI KomHVO).
3.4	Sonstige Rückstellungen nach § 37 Abs. 5 und 6	a) **Rückstellungen für ungewisse Verbindlichkeiten** (§ 37 V KomHVO) Voraussetzungen: • Verpflichtung darf zum Abschlussstichtag (31.12.) dem Grunde oder der Höhe nach noch nicht genau bekannt (= ungewiss) sein. • Der Betrag darf nicht geringfügig sein. • Die zukünftige Entstehung der Verbindlichkeit muss wahrscheinlich sein. • Die wirtschaftliche Ursache für die Verbindlichkeit muss vor dem Abschlussstichtag liegen. • Die zukünftige Inanspruchnahme (der Kommune) wird voraussichtlich erfolgen.

Rückstellungen
- Erläuterung der einzelnen Bilanzposten -
- Fortsetzung -

		b) **Rückstellungen für drohende Verluste aus schwebenden Geschäften und aus laufenden Verfahren** (§ 37 VI KomHVO). **Ausnahme:** Ist der voraussichtliche Verlust nur geringfügig, braucht keine Rückstellung gebildet zu werden.

Bildung und Auflösung von Rückstellungen

	Haushaltsjahr, in das die **wirtschaftliche Ursache der Verpflichtung** fällt	**Folgejahre**	
		Inanspruchnahme der Rückstellung	**Auflösung oder Herabsetzung** der Rückstellung
Buchungssatz	**Aufwendungen** (Kontenklasse 5) an **Rückstellungen** (Kontengruppe 25-28)	**Rückstellungen** (Kontengruppe 25-28) an **Auszahlungen** (Kontenklasse 7)	**Rückstellungen** (Kontengruppe 25-28) an **Erträge aus der Auflösung oder Herabsetzung von Rückstellungen** (Konto 458)

Verbindlichkeiten
- Erläuterung der einzelnen Bilanzposten -

§ 42 IV		
4.	Verbindlichkeiten	= alle dem Grunde und der Höhe nach feststehenden (Abgrenzung zu Rückstellungen) Schulden. Verbindlichkeiten sind im Verbindlichkeitenspiegel (§ 48 KomHVO) nachzuweisen.
4.1	Anleihen	= verbriefte (Urkunde) Geldforderungen des Gläubigers gegen die Kommune als Herausgeber. Die Kommune beschafft sich mit einer Anleihe Fremdkapital. Die Anleihe kommt daher einem Kredit gleich.
4.2	Verbindlichkeiten aus Krediten für Investitionen	• **Kredite** (Darlehen) = Überlassung eines Geldbetrages mit Rückzahlungsverpflichtung (vgl. § 488 BGB). Kredite sind Fremdkapital und verursachen i.d.R. Zinsen, die den Gewinn (Eigenkapital) mindern und die Liquidität belasten. • **Investitionskredite** dienen zur Finanzierung des Anlagevermögens. BEACHTE: Gemäß § 86 I GO dürfen Kredite nur für Investitionen unter der Voraussetzung des § 77 IV GO (Subsidiarität) und zur Umschuldung aufgenommen werden. Die daraus übernommenen Verpflichtungen müssen mit der dauernden Leistungsfähigkeit der Gemeinde in Einklang stehen. Die weitere Gliederung des Bilanzpostens richtet sich nach den verschiedenen Gläubigern:
4.2.1	von verbundenen Unternehmen	*Zum Begriff der „verbundenen Unternehmen" siehe Seiten 125, 126.*

Verbindlichkeiten
- Erläuterung der einzelnen Bilanzposten -
- Fortsetzung -

4.2.2	von Beteiligungen	*Zum Begriff der „Beteiligungen" siehe Seite 126.*
4.2.3	von Sondervermögen	*Zum Begriff des „Sondervermögens" siehe Seite 127.*
4.2.4	vom öffentlichen Bereich	z.B. Landes- oder Bundeskredite
4.2.5	von Kreditinstituten	
4.3	Verbindlichkeiten aus Krediten zur Liquiditätssicherung	Gemäß § 89 II GO kann die Gemeinde zur rechtzeitigen Leistung ihrer Auszahlungen Kredite zur Liquiditätssicherung aufnehmen, soweit dafür keine anderen Mittel zur Verfügung stehen (Subsidiarität der Kreditaufnahme). Der Höchstbetrag ist in der Haushaltssatzung (§ 5 der Haushaltssatzung, vgl. Anlage 1 VV Muster zur GO und KomHVO) festzusetzen. § 89 II GO ist eine Ausnahme zu § 86 I GO, wonach die Gemeinde Kredite grds. nur für Investitionen und zur Umschuldung aufnehmen darf.
4.4	Verbindlichkeiten aus Vorgängen, die Kreditaufnahmen wirtschaftlich gleichkommen	Zu den Vorgängen, die einer Kreditaufnahme wirtschaftlich gleichkommen, zählen insbesondere Leasingverträge. Ansonsten vgl. die Unterpositionen im kommunalen Kontierungsplan (Anlage 18 VV Muster zur GO und KomHVO) sowie die Kontengruppe 34 im Kontenplan für die Ausbildung an der FHöV.
4.5	Verbindlichkeiten aus Lieferungen und Leistungen	= Zahlungsverpflichtungen gegenüber Dritten aufgrund bereits erbrachter Lieferungen und Leistungen.

Verbindlichkeiten
- Erläuterung der einzelnen Bilanzposten -
- Fortsetzung -

4.6	Verbindlichkeiten aus Transferleistungen	*Zum Begriff der „Transferleistungen" siehe Seite 131.*
4.7	Sonstige Verbindlichkeiten	Auffangposten Zum Inhalt vgl. die Unterpositionen im kommunalen Kontierungsplan (Anlage 18 VV Muster zur GO und KomHVO) sowie die Kontengruppe 37 im Kontenplan für die Ausbildung an der FHöV.
4.8	Erhaltene Anzahlungen	= erhaltene (= gezahlte), aber noch nicht zweckentsprechend verwendete Zuwendungen (siehe auch Seite 134 - Konstellation Nr. 2).

Passive Rechnungsabgrenzung
- Erläuterung des Bilanzpostens -

§ 42 IV		
5.	Passive Rechnungsabgrenzung	**Passive Rechnungsabgrenzungsposten** = vor dem Abschlussstichtag (31.12.) eingegangene <u>Einnahmen</u>, soweit sie einen Ertrag für eine bestimmte Zeit nach diesem Tag darstellen (§ 43 III KomHVO).

Inventur und Inventar

1. Inventur

= wertneutrale Erfassung sämtlicher

- **Vermögensgegenstände** (Aktiva)
- **Schulden** (Passiva)
- **Rechnungsabgrenzungsposten**

zum Schluss eines jeden Haushaltsjahres
unter Beachtung der Grundsätze ordnungsgemäßer Inventur
(§ 91 GO, § 29 I KomHVO).

2. Inventar

= **Bewertung** der durch die Inventur erfassten Aktiva und Passiva
zum Schluss eines jeden Haushaltsjahres (§ 91 I GO, § 29 I KomHVO).

Die Bewertung des Vermögens und der Schulden erfolgt nach
§§ 91 GO, 33 - 37 und 42 - 44 KomHVO
unter Anwendung der Grundsätze ordnungsgemäßer Buchführung
(§ 91 IV GO, § 33 I 1 KomHVO).

Die §§ 54 - 58 KomHVO beziehen sich auf die erstmalige Bewertung des Vermögens und die Eröffnungsbilanz (§ 92 I GO).
Da die Gemeinden und Gemeindeverbände (Kreise) gemäß § 1 des Gesetzes zur Einführung des Neuen Kommunalen Finanzmanagements im Land NRW (NKFEG NRW) spätestens ab dem Haushaltsjahr 2009 ihre Geschäftsvorfälle nach dem System der doppelten Buchführung in ihrer Finanzbuchhaltung zu erfassen und zum Stichtag 1. Januar 2009 eine Eröffnungsbilanz nach § 92 I – III GO aufzustellen haben, sind die §§ 54 - 58 KomHVO praktisch nicht mehr von Bedeutung.

Zeitpunkt

Nach §§ 91 I 1 GO hat die Inventur und die Bewertung zum Schluss eines jeden Haushaltsjahres, d.h. zum 31.12. zu erfolgen (Haushaltsjahr ist grds. das Kalenderjahr, § 78 IV GO).

Folge: Grundsätzlich ist die Inventur als **Stichtagsinventur** vorzunehmen.

    BEACHTE: Ist der 31.12. arbeitsfrei, kann die Inventur auch an dem davor oder danach liegenden Tag erfolgen.

    Problem: Bei einem umfangreichen Bestand ist die Stichtagsinventur organisatorisch und personell nicht durchführbar.

    Lösung: **zeitnahe Stichtagsinventur**
= Erfassung des Vermögens und der Schulden zeitnah zum Abschlussstichtag. Veränderungen bis zum Stichtag müssen dokumentiert und auf den Stichtag fortgeschrieben bzw. zurückgerechnet werden.

Inventur

Arten der Inventur:

körperliche Inventur

= Art und mengenmäßige Erfassung aller **körperlichen Vermögensgegenstände** durch zählen, messen, wiegen oder schätzen.

Die körperliche Inventur dient auch der Feststellung von Beschädigungen oder anderer wertmindernder Verhältnisse.

BEACHTE:
Eine körperliche Inventur der Vermögensgegenstände hat bei körperlich beweglichen Vermögensgegenständen des Anlagevermögens mindestens alle 5 Jahre und bei körperlich unbeweglichen Vermögensgegenständen des Anlagevermögens mindestens alle 10 Jahre zu erfolgen (§ 30 II 2 KomHVO). Dazwischen reicht eine Buchinventur.

Buchinventur

= Erfassung aller körperlichen Vermögensgegenstände, **immateriellen Vermögensgegenstände, Forderungen und Verbindlichkeiten** anhand von Aufzeichnungen.

Stichprobeninventur

= Ermittlung des Bestandes der Vermögensgegenstände nach Art. Menge und Wert mit Hilfe anerkannter mathematischer Verfahren (§ 30 I 1 KomHVO).

BEACHTE: Der Aussagewert muss dem eines auf Grund einer körperlichen Bestandsaufnahme aufgestellten Inventars gleichkommen (§ 30 I 3 KomHVO).

Grundsätze ordnungsgemäßer Inventur (GoI)

Bei Durchführung der Inventur sind die Grundsätze ordnungsgemäßer Buchführung (GoB, siehe Seite 105) zu beachten.
Die Grundsätze ordnungsgemäßer Inventur (GoI) leiten sich aus den Grundsätzen ordnungsgemäßer Buchführung ab und ergänzen diese.
Zu den GoI gehören im Einzelnen der Grundsatz der

Vollständigkeit der Bestandsaufnahme

Die Gemeinde hat **sämtliche** Vermögensgegenstände, Schulden und Rechnungsabgrenzungsposten in einer Inventur **vollständig** aufzunehmen (§ 91 GO).

Richtigkeit der Bestandsaufnahme

Einzelerfassung

Vermögensgegenstände und Schulden sind nach ihrer Art, Menge und Beschaffenheit einzeln aufzuführen.

Ausnahme: Inventurvereinfachungen (§ 30 KomHVO)

Dokumentation

Das Verfahren und die Ergebnisse der Inventur sind so zu dokumentieren, dass diese für sachverständige Dritte nachvollziehbar sind (§ 29 III KomHVO).

Die Dokumentation erfolgt in erster Linie durch das auf der Grundlage der Inventur erstellte Inventar.

Wirtschaftlichkeit

Der mit der Inventur verbundene Aufwand muss in einem angemessenen Verhältnis zum Ergebnis stehen.
Dem Gesichtspunkt der Wirtschaftlichkeit wird insbesondere durch die Inventurvereinfachungen (§ 30 KomHVO) Rechnung getragen.

Inventurvereinfachungsverfahren, § 30 KomHVO

Die zulässigen Verfahren zur Vereinfachung der Inventur sind in § 30 KomHVO geregelt.
Über die bereits dargestellte Stichproben- und Buchinventur gehören dazu noch

---

das zeitnah zum Abschlussstichtag erstellte besondere Inventar,
§ 30 III Nr. 1 KomHVO

---

das besondere durch Anwendung eines den Grundsätzen ordnungsgemäßer Buchführung entsprechenden Fortschreibungs- oder Rückrechnungsverfahrens erstelle Inventar,
§ 30 III Nr. 2 KomHVO

---

die **Bagatellgrenze, § 30 IV KomHVO**

Auf eine Erfassung der Vermögensgegenstände des Anlagevermögens, deren Anschaffungs- oder Herstellungskosten (vgl. § 34 II, III KomHVO) im Einzelnen wertmäßig den Betrag von 800 Euro ohne Umsatzsteuer nicht überschreiten, kann verzichtet werden.

---

der **Verbrauch, § 30 V KomHVO**

Sofern Vorratsbestände von Roh-, Hilfs- und Betriebsstoffen, Waren sowie unfertige und fertige Erzeugnisse bereits dem Lager entnommen sind, gelten sie als verbraucht und dürfen nicht erfasst und bewertet werden.

Allgemeine Bewertungsanforderungen, § 33 KomHVO

Die Bewertung des im Jahresabschluss auszuweisenden Vermögens und der Schulden ist gemäß § 33 I 1 KomHVO unter Beachtung der Grundsätze ordnungsgemäßer Buchführung (siehe Seite 105) vorzunehmen.
Dabei gilt insbesondere

---

die Bilanzkontinuität, § 33 I Nr. 1 KomHVO

Die Wertansätze in der Eröffnungsbilanz des Haushaltsjahres müssen mit denen in der Schlussbilanz des vorhergehenden Haushaltsjahres übereinstimmen.

---

die Einzelbewertung, § 33 I Nr. 2 KomHVO

Die Vermögensgegenstände und die Schulden sind zum Abschlussstichtag grundsätzlich einzeln zu bewerten.

Ausnahme:
- Festwertbewertung (§ 35 Satz 2 i.V.m. § 29 I Nrn. 1 und 2 KomHVO)
- Gruppenbewertung ((§ 35 Satz 2 i.V.m. § 29 I Nr. 3 KomHVO)

BEACHTE:
Abweichungen vom Grundsatz der Einzelbewertung sind im Anhang anzugeben und zu erläutern (§ 45 II Nr. 3 KomHVO).

---

das Vorsichtsprinzip, § 33 I Nr. 3 KomHVO

Vermögensgegenstände und Schulden sind vorsichtig zu bewerten, d.h. Vermögen im Zweifel eher niedrig und Schulden im Zweifel eher hoch.

BEACHTE:
Vorhersehbare Risiken und Verluste, die bis zum Abschlussstichtag (31.12.) entstanden sind, sind gemäß § 33 I Nr. 3 KomHVO zu berücksichtigen, selbst wenn diese erst zwischen dem Abschlussstichtag (31.12.) und dem Tag der Aufstellung des Jahresabschlusses (vgl. § 95 V GO) bekannt geworden sind.
Gewinne dürfen dagegen nur berücksichtigt werden, wenn sie am Abschlussstichtag bereits realisiert sind (Realisationsprinzip). Sie dürfen nicht schon berücksichtigt werden, wenn sie lediglich vorhersehbar sind.

Allgemeine Bewertungsanforderungen, § 33 KomHVO
- Fortsetzung -

das Periodisierungsprinzip, § 33 I Nr. 4 KomHVO

Im Haushaltsjahr entstandene Aufwendungen und erzielte Erträge sind unabhängig von den Zeitpunkten der entsprechenden Zahlungen im Jahresabschluss zu berücksichtigen (das Kassenwirksamkeitsprinzip gilt nur für Einzahlungen und Auszahlungen).

die Stetigkeit, § 33 I Nr. 5 KomHVO

Die auf den vorhergehenden Jahresabschluss angewandten Bewertungsmethoden sollen beibehalten werden.

BEACHTE:
Die Bewertungsmethoden sind im Anhang anzugeben und zu erläutern (§ 45 I 1 KomHVO).
Abweichungen von bisher angewandten Bewertungsmethoden sind gesondert anzugeben und zu erläutern (§ 45 II Nr. 3 KomHVO).

Bewertungsvereinfachungsverfahren, § 35 KomHVO

Die zulässigen Verfahren zur Vereinfachung der Bewertung von Vermögensgegenständen sind in § 35 Satz 2 i.V.m. § 29 I Nrn. 1 bis 3 KomHVO geregelt.
Hierzu gehören im Einzelnen:

---

das **Festwertverfahren, § 29 I Nr. 1 KomHVO**

Für einen Bestand an

- Vermögensgegenständen des Sachanlagevermögens
- Roh-, Hilfs- und Betriebsstoffe
- Waren, die regelmäßig ersetzt werden und deren Gesamtwert von nachrangiger Bedeutung ist,

kann ein fester, d.h. immer gleich hoher Gesamtwert (= Festwert) gebildet werden.

Voraussetzungen für die Festwertbildung:
- Der Bestand unterliegt in seiner Größe, seinem Wert und seiner Zusammensetzung nur geringen Schwankungen.

BEACHTE:
- In der Regel ist trotz des Festwertes alle 5 Jahre eine körperliche Bestandsaufnahme durchzuführen (§ 29 I Nr. 1 KomHVO).
- Der Festwert wird nicht abgeschrieben. Der Werteverzehr wird dadurch berücksichtigt, dass Ersatzbeschaffungen als Aufwand gebucht werden. Dabei wird unterstellt, dass die Ersatzbeschaffungen genauso hoch sind wie der Werteverzehr des Bestandes.
- Damit kein verzerrtes Bild der Vermögens- und Ertragslage der Gemeinde entsteht, sollte die Gesamthöhe aller Festwerte 5 - 10% des Gesamtvermögens nicht überschreiten.

---

das **pauschalierte Festwertverfahren, § 29 I Nr. 2 KomHVO**

Geltungsbereich: Aufwuchs (Waldbewirtschaftung)

Bewertungsvereinfachungsverfahren, § 35 KomHVO
- Fortsetzung -

das **Gruppenwertverfahren, § 29 I Nr. 3 KomHVO**

Eine Gruppe

- gleichartiger Vermögensgegenstände des Vorratsvermögens, d.h. Roh-, Hilfs-, Betriebsstoffe und Waren (vgl. § 42 III Nr. 2.1.1 KomHVO)
- anderer gleichartiger oder annähernd gleichwertiger beweglicher Vermögensgegenstände und Schulden

kann zusammengefasst und mit dem gewogenen Durchschnittswert angesetzt werden.

Eine „Gleichartigkeit" liegt vor bei
- Zugehörigkeit zu einer Warengattung
- gleicher Verwendbarkeit
- Funktionsgleichheit
- keinen wesentlichen Wertunterschieden (max. 20 %).

Jahresabschluss - Verfahren und Fristen

1. § 95 V 1 GO: Der **Entwurf des Jahresabschlusses** wird vom Kämmerer aufgestellt und dem Bürgermeister (BM) zur Bestätigung vorgelegt.

2. § 95 V 2 GO: **Bestätigung** des Entwurfs **durch den BM** und **Weiterleitung an den Rat**
   - innerhalb von 3 Monaten nach Ablauf des Haushaltsjahres
   - zur Feststellung (vgl. § 96 I GO).

   BEACHTE:
   Weicht der BM von dem ihm vorgelegten Entwurf ab, kann der Kämmerer dazu eine Stellungnahme abgeben (§ 95 V 3 GO). Diese hat der BM zusammen mit dem Entwurf dem Rat vorzulegen (§ 95 V 4 GO).

3. §§ 96 I 1, 101 GO: **Prüfung** des Jahresabschlusses durch den Rechnungsprüfungsausschuss.

4. § 96 I GO: **Feststellung** des geprüften Jahresabschlusses durch den Rat bis spätestens 31.12. des auf das Haushaltsjahr folgenden Jahres durch Beschluss.
   - Der Kämmerer kann in der Beratung über den Jahresabschluss seine abweichende Auffassung vertreten (§ 96 I 4 GO).
   - Wird die Feststellung des Jahresabschlusses vom Rat verweigert, so sind die Gründe dafür gegenüber dem BM anzugeben (§ 96 I 7 GO).
   - Der Rat beschließt gleichzeitig über die Verwendung des Jahresüberschusses oder die Behandlung des Jahresfehlbetrages (§ 96 I 2 GO).
   - Zusammen mit der Feststellung des Jahresergebnisses entscheiden die Ratsmitglieder über die Entlastung des BM (§ 96 I 5 GO).

   BEACHTE:
   Im Falle des § 96 I 5 GO hat der BM kein eigenes Stimmrecht (§ 40 II 5 GO). Verweigern die Ratsmitglieder die Entlastung oder sprechen sie diese mit Einschränkungen aus, so haben sie dafür die Gründe anzugeben (§ 96 I 6 GO).

   Der Rat kann die Entscheidung über die Feststellung des Jahresabschlusses sowie die Entlastung des BM nicht übertragen (§ 41 I 2 Buchstabe j) GO).

5. § 96 II 1 GO: **Unverzügliche** (= ohne schuldhaftes Zögern) **Anzeige** des vom Rat festgestellten Jahresabschlusses **bei der Aufsichtsbehörde**.

6. § 96 II 2 GO: **Öffentliche Bekanntmachung** des Jahresabschlusses.

7. § 96 II 2 GO: Der Jahresabschluss ist bis zur Feststellung des folgenden Jahresabschlusses zur Einsichtnahme verfügbar zu halten.

Kontrolle

Die Kontrolle der kommunalen Haushaltswirtschaft erfolgt durch

---

Die örtliche **Rechnungsprüfung**

- § 101 GO -

Aufgaben

- **Prüfung des Jahresabschlusses** und des Lageberichts (§ 102 I GO)
- Prüfung des Gesamtabschlusses und des Gesamtlageberichts (§ 102 XI GO)
- örtliche Prüfung der Eigenbetriebe (§ 103 GO)
- alle weiteren in § 104 GO genannten Aufgaben

Die **überörtliche Prüfung**

- § 105 GO -

Durch die Gemeindeprüfungsanstalt als Teil der allgemeinen Aufsicht des Landes über die Gemeinden.
Die Gemeindeprüfungsanstalt ist bei der Durchführung ihrer Aufgaben gemäß § 105 II GO unabhängig und an Weisungen nicht gebunden.

Aufgaben

- **§ 105 III GO**

Die überörtliche Prüfung soll in jeder Gemeinde alle 5 Jahre stattfinden (§ 105 IV GO).

KFM NRW

Stichwortverzeichnis

Abschreibungen **118**
Aktive Rechnungsabgrenzung **133**
Aktivposten der Bilanz **115**
Allgemeine Bewertungsanforderungen **154**
allgemeine Haushaltsgrundsätze **33ff**
allgemeine Rücklage **80**
Anlagevermögen **116**
Ausführungsphase **82ff**
Ausgleichsrücklage **79**
außerplanmäßige Aufwendungen und Auszahlungen **98**

Beiträge **52**
Benutzungsgebühren **50**
Bewertungsvereinfachungsverfahren **156**
Bilanz **114ff**
Bruttoprinzip **67**
Buchführung **104**
Budgetierung **71**

Deckungsgrundsätze **70ff**

echte Deckungsfähigkeit **89, 91**
Effizienz **35**
Eigenkapital **135**
Einheit **63**
Einzelveranschlagung **68**
Ergebnisplan **6ff**
Ergebnisrechnung **109**
Erlass **83**

Finanzanlagen **125**
Finanzplan **17ff**
Finanzrechnung **110**
flexible Haushaltsführung **85ff**
Forderungen **131**

Gebühren **48**
Gesamtdeckung **70**
gesamtwirtschaftliches Gleichgewicht **36**
Gewerbesteuer **46**
Grundsatz der Gesamtdeckung **70**
Grundsätze ordnungsgemäßer Buchführung **105**

Grundsätze ordnungsgemäßer Inventur **152**
Grundsteuer **45**

Haushaltsausgleich **37, 78ff**
Haushaltsgrundsätze **32ff**
Haushaltsklarheit **66**
Haushaltsplan **3**
Haushaltssatzung **73ff**
Haushaltssicherungskonzept **81**
Haushaltssperre **103**
Haushaltsvorgriff **97**
Haushaltswahrheit **66**
Herstellungskosten **61**

immaterielle Vermögensgegenstände **121**
interne Leistungsbeziehungen **62**
Inventar **149ff**
Inventur **149ff**
Inventurvereinfachungsverfahren **153**

Jahresabschluss **107ff**
Jahresabschluss - Fristen **158**
Jahresabschluss - Verfahren **158**
Jährlichkeit **55**

Kleinbeträge **84**
Kommunalabgaben **43ff**
Kontrolle der Haushaltswirtschaft **159**

Landeszuweisungen **39**
Liquide Mittel **132**
Liquiditätssicherung **34**

Niederschlagung **83**

Öffentlichkeit **58**

Passive Rechnungsabgrenzung **148**
Passivposten der Bilanz **134ff**
Periodenabgrenzung **64**
Pflichtnachtragssatzung **92**
Planungsphase **2ff**

KFM NRW — Stichwortverzeichnis

Rückstellungen **141**

Sachanlagen **122**
sachliche Bindung **69**
Sachspenden **140**
Schlüsselzuweisungen **40**
Sonderposten **137**
sonstige Vermögensgegenstände **131**
Sparsamkeit **35**
stetige Aufgabenerfüllung **34**
Steuern **44ff**
Stundung **83**

Teilergebnisplan **29**
Teilfinanzplan **30**
Teilpläne **25ff**
Teilrechnungen im Jahresabschluss **113**

über- und außerplanmäßige Verpflichtungsermächtigungen **100**
überplanmäßige Aufwendungen und Auszahlungen **95**
Umlaufvermögen **129ff**
unechte Deckungsfähigkeit **88**

Veranschlagungsgrundsätze **59ff**
Verbindlichkeiten **145**
Verpflichtungsermächtigungen **31**
Verwaltungsgebühren **49**
Vollständigkeit **60**
Vorherigkeit **55**
vorläufige Haushaltsführung **56**
Vorräte **130**

Wertpapiere des Umlaufvermögens **132**
Wirtschaftlichkeit **35**

zeitliche Bindung **55**
Zuweisungen des Landes **39**
Zweckbindung **72**

KFM NRW

für Ihre Notizen

Repetitorium

Nutzen Sie unser vielfältiges

Seminarangebot

zur effektiven und gezielten

Klausurvorbereitung

u.a. in den Fächern

**Zivilrecht
Allgemeines Verwaltungsrecht
Kommunales Finanzmanagement
Staats- und Europarecht**

Alle Informationen zu unseren Seminaren finden Sie auf

www.exvo.net

Weitere Bücher aus der JURA2GO Reihe:

Allgemeines Verwaltungsrecht
1. Auflage Januar 2018, 85 Seiten
9,80 Euro